Sylvia Hartmann

"Jetzt ist die Zeit."

Sylvia Hartmann

"Jetzt ist die Zeit."

Predigten im Spannungsfeld von Lebenszeit und Kirchenjahr

Fromm Verlag

Impressum / Imprint
Bibliografische Information der Deutschen Nationalbibliothek: Die Deutsche Nationalbibliothek verzeichnet diese Publikation in der Deutschen Nationalbibliografie; detaillierte bibliografische Daten sind im Internet über http://dnb.d-nb.de abrufbar.

Bibliographic information published by the Deutsche Nationalbibliothek: The Deutsche Nationalbibliothek lists this publication in the Deutsche Nationalbibliografie; detailed bibliographic data are available in the Internet at http://dnb.d-nb.de.

Coverbild / Cover image: www.ingimage.com

Verlag / Publisher:
Fromm Verlag
ist ein Imprint der / is a trademark of
OmniScriptum GmbH & Co. KG
Heinrich-Böcking-Str. 6-8, 66121 Saarbrücken, Deutschland / Germany
Email: info@frommverlag.de

Herstellung: siehe letzte Seite /
Printed at: see last page
ISBN: 978-3-8416-0411-8

Inhaltsverzeichnis

S. 3 **1. Zeitpunkte**

2. Lebenszeiten

Predigt über Matthäus 7,24-27 vom 21.8.2011 (9. Sonntag nach Trinitatis; Gottesdienst mit Taufe)

S. 9 Predigt über Matthäus 5, 13, gehalten am 4.5.2008 im Konfirmationsgottesdienst

S. 14 Predigt über 1. Korinther 7, 29-31, gehalten im Gottesdienst am 21.10.2012 (20. Sonntag nach Trinitatis) aus Anlass des Goldenen Konfirmationsjubiläums

S. 21 **3. Alltag**

Predigt über Lukas 8, 4-8 vom 12.2.2012 (Sexagesimae)

S. 27 Predigt über Numeri 21, 4-9 vom 26.3. 2012 (Judica)

S. 32 Predigt Jesaja 62, 6-12 vom 12.8.2012 (10. Sonntag nach Trinitatis)

S. 37 Predigt über Matthäus 21, 28-32 vom 4.9.2011 (11. Sonntag nach Trinitatis)

S. 42 Predigt über Apostelgeschichte 3, 1-9 vom 26.8.2012 (12. Sonntag nach Trinitatis)

S. 47 Predigt über Matthäus 6, 1-4 vom 26.8.2007 (13. Sonntag nach Trinitatis)

S. 53 **4. Festzeiten und Feiertage**

Predigt über Psalm 98,1 vom 24.12.2007 (Heiligabend)

S. 59 Predigt über Matthäus 27, 31-50 vom 29.3.2013 (Karfreitag)

S. 64 Predigt über 1. Samuel 2, 1-8 vom 8.4.2012 (Ostersonntag)

S. 70 Predigt über 1. Korinther 2, 12-16 vom 27.5.2012 (Pfingstsonntag)

S. 75 **5. Freizeit**

Predigt über das Lied „Morgenlicht leuchtet“ (EG 455)

S. 80 Predigt über das Lied „Geh aus, mein Herz, und suche Freud“ (EG 503), gehalten am 29.6.2012

S. 88 **6. Endzeiten**

Predigt über Jesaja 40, 12-25 vom 6.2.2011 (5. Sonntag nach Epiphanias)

S. 93 Predigt über Lukas 10, 20b vom 13.2.2011

S. 98 Predigt über 2. Korinther 6, 1-10 vom 26.2..2012 (Invokavit)

S. 104 Predigt über Hiob 14, 1-6 vom 11.11.2012 (Drittletzter Sonntag des Kirchenjahres)

S. 110 Predigt über Jesaja 65, 17-19. 23-25 vom 25.11.2012 (Ewigkeitssonntag)

S. 116 Medienverzeichnis

1. Zeitpunkte

Jede Predigt hat neben ihrem Textbezug eine starke Affinität zur Zeit: zum Tagesgeschehen ebenso wie zum Rhythmus der kirchlichen Feste und zum Lebenslauf der Zuhörenden. In Einzelfällen, wo beides nicht miteinander zu verbinden ist, weiche ich hier und da vom vorgeschlagenen Predigttext ab. Auf diese Art ist der Faktor „Zeit“ in seinen verschiedenen Spielarten (Lebenszeiten, Alltag, Festzeiten und Feiertage, Freizeit, Endzeiten) auch zum Auswahlkriterium und Ordnungsfaktor dieser Auswahl von Predigten geworden, die ich in den letzten Jahren gehalten habe.

2. Lebenszeiten

Predigt über Matthäus 7,24-27 vom 21.8.2011 (9. Sonntag nach Trinitatis; Gottesdienst mit Taufe)

Liebe Gemeinde!

Am 3. März 2009 stürzte das Kölner Stadtarchiv ein. Nach dem Einsturz sah es dort aus wie nach einem Erdbeben. Zwei Menschen kamen bei diesem Unglück ums Leben. Viele Menschen aus den Nachbarhäusern verloren ihr Zuhause. Unzählige kostbare Schriftstücke wurden verschüttet. Inzwischen sind 95 % davon geborgen. Aber sie wieder lesbar zu machen, wird Jahre dauern. Einige sind wohl auch irreparabel verdorben. Der finanzielle Schaden geht in die Millionen.

Die Ursachen des Unglücks sind bis heute nicht eindeutig geklärt. Wahrscheinlich hängt der Einsturz mit dem Bau der U-Bahn in der Nähe zusammen. Auf jeden Fall hat man festgestellt: Beim Bau dieser U-Bahn ist mächtig gepfuscht und betrogen worden. Ein hoher Prozentsatz der Eisenbügel, die den U-Bahn-Tunnel absichern sollten, sind nicht eingebaut, sondern entwendet und an Hehler verkauft worden. [1] Wahrscheinlich handelte es sich um eine groß angelegte Betrugsaktion, an der viele Menschen beteiligt waren. Ich stelle mir vor, dass die einzelnen beim Wegtragen der schon bereitliegenden Stützen gedacht haben mögen: Ein Eisenträger mehr oder weniger – das macht doch nichts aus. Aber wenn dies viele Male wiederholt wird, kommt das Erdreich irgendwann ins Rutschen und löst eine Katastrophe aus.

Um das Thema Bauen und das Legen von Fundamenten geht es auch im heutigen Predigttext, dem Abschluss der Bergpredigt. In einer langen Predigt hat Jesus den Menschen vor Augen geführt, wie sich ein Leben aus dem Vertrauen auf Gott heraus gestaltet. Lange haben die Menschen ihm zugehört. Aber Jesus weiß: Zuhören alleine reicht nicht. Es geht darum, das Gehörte in die Tat umzusetzen. Und so erzählt er zum Abschluss ein Gleichnis von zwei Männern, die ein Haus bauen. Der eine setzt sein Haus auf das sichere Fundament eines Felsens. Der andere dagegen baut seines auf Sand. Lange Zeit mag kein Unterschied an den beiden Häusern erkennbar gewesen sein. Erst als ein Sturm mit Platzregen kommt, erweist sich die Solidität ihres Fundaments. Das Haus, das auf Sand gebaut ist, hält den Angriffen des Unwetters nicht stand. Es bricht in sich zusammen. Das Haus, das auf Felsen steht, kann auch durch Wind und Regen nicht erschüttert werden.

Nun ist Jesus kein Architekt, und er will hier keine Ratschläge für solides Bauen geben. Ihm geht es um etwas anderes: nämlich um den Bau unseres Lebenshauses. Wobei wir ja heute zumindest einen Menschen unter uns haben, der noch in den Anfangsgründen des Bauens steckt. Nämlich unser Taufkind. Noch ist es nicht nur körperlich klein. Es hat hoffentlich noch ganz, ganz viele Lebenstage vor sich. Es hat die Gaben und Fähigkeiten, die in ihm stecken, noch nicht entwickeln können. Es muss noch viel lernen, um eines Tages etwas aus dem machen zu können, was ihm mit auf den Weg gegeben wurde. Es muss sein Lebenshaus noch bauen, während die meisten von uns sich vermutlich schon etwas aufgebaut haben und in einem der fortgeschrittenen Bauabschnitte stecken.

---

[1] Vgl. zum Folgenden http://www.spiegel.de/panorama/koelner-u-bahn-pfusch-razzia-bei-drei-unternehmen-a-682683.html

Auch beim Bau unseres Lebenshauses kommt es entscheidend darauf an, auf welches Fundament wir dieses Haus setzen. Jesus bietet sich selber und seine Worte als Fundament für unser Leben an. Das ist ein bisschen vergleichbar mit dem Bau des Kölner U-Bahn-Tunnels. Dabei ging es zwar nicht direkt um das Legen eines Fundamentes, sondern um die Einsturzsicherung des Tunnels. Aber diese Sicherung hatte ja unmittelbare Auswirkungen auf das Fundament des benachbarten Stadtarchivs. Die Eisenträger waren bestellt, geliefert und lagen zum Einbau bereit. Die Arbeiter hätten sie nur nehmen und einbauen müssen. Stattdessen erhielten sie die Anweisung, sie fort zu tragen, damit andere sie verkaufen und sich an dem Verkauf bereichern konnten.

Die Eisenträger lagen zur Sicherung des Erdreichs bereit – auch Jesu Worte stehen zur Sicherung und Grundlegung unseres Lebens bereit. Wir müssen sie nicht mühsam suchen. Wir müssen sie uns nicht selber sagen. Er hat sein Wort zu uns gesprochen. Ja, er ist, wie es das Johannes-Evangelium ausdrückt, selber das Wort Gottes (Johannes 1, 1ff). Gott hat ihn geschickt, um uns Menschen zu sagen, dass wir ihm wichtig sind, dass er an unserem Leben Anteil nimmt und für uns da ist. Und Jesus zeigt uns mit seinen Worten, wie unser Leben und unser Zusammenleben gelingen können. Gottes Mut machendes und wegweisendes Wort als Fundament für unser Leben ist da. Es ist sein Geschenk an uns, wie alle wichtigen Dinge in unserem Leben nicht von uns erarbeitet, sondern geschenkt sind.

Ja, schon unser Leben ist Gottes Geschenk an uns. Unser Leben, und auch das anderer Menschen. Im Leben der meisten von uns gab und gibt es Menschen, die wir um keinen Preis missen möchten. Bei denen wir sagen: Dass du da bist, das ist ein Geschenk. So geht es Ihnen mit Ihrer Tochter. Babys kommen nicht immer geplant und manchmal zum unerwarteten Zeitpunkt. Aber es ist gut, dass nicht alles in unserem Leben planbar ist. Denn manchmal erweist sich gerade das Ungeplante als das größte Geschenk. Und so empfinden Sie auch Ihre Tochter als ein großes Geschenk Gottes, das zwar einerseits sicherlich Arbeit macht, andererseits aber Ihr Leben unendlich bereichert.

Liebe, Freundschaft, Freude, Hoffnung – auch sie bereichern unser Leben, obwohl wir sie nicht machen können, sondern uns schenken lassen müssen. Ebenso dürfen wir uns das Fundament für unser Leben schenken lassen, das Mut machende und wohltuende Wort Gottes. Darauf können wir unser Leben setzen. Darauf können wir bauen, indem wir es hören und tun.

Wobei Jesus das Hören in seinem Gleichnis nicht extra erwähnt. Für ihn ist Hören und Tun ein Akt: „Wer diese meine Rede hört und tut sie“. Aber er spricht auch zu Menschen, die gerade reichlich Gelegenheit hatten, sein Wort zu hören. Bei denen das Hören schon geschehen ist. Für uns dagegen muss es eigens noch einmal erwähnt werden. Es ist so wichtig für uns, Gottes Wort zu hören. Es ist so wichtig für unsere Kinder, mit dem Wort Gottes bekannt zu werden. Darin liegt unsere Verantwortung als Eltern, Großeltern, Paten und Gemeinde, dass wir unsere Kinder mit dem Wort Gottes bekannt machen. Denn nur wenn sie es kennen, können sie auch ihr Lebenshaus darauf setzen.

Es ist hilfreich, das Wort Gottes zu hören, es kennen zu lernen. Aber dazu gehört es dann auch, darauf zu bauen, also: es zu tun. Und ich finde, hier ist in den letzten Jahren in unserem Volk und unserem Land viel versäumt worden. Auch wenn wir uns noch christliches Abendland nennen. Das waren keine dramatischen, nach außen hin deutlich erkennbaren Entwicklungen. Sondern viele kleine Einzelerscheinungen. Eins führte zum anderen. Aber mehr und mehr ist das christliche Fundament unseres Lebens ausgehöhlt worden.

Es ist für sich genommen kein Drama, kein Tischgebet mehr zu sprechen. Leute mögen gute Gründe haben, aus der Kirche auszutreten. Der Gottesdienstbesuch am Sonntagmorgen ist manchmal lästig und stört den Ablauf des Familienlebens. Der Religionsunterricht in der Schule liegt oft in den Randstunden und der Lerndruck hat sich in den letzten Jahren sowieso ständig erhöht – was liegt da für die Schüler näher, als sich vom Religionsunterricht abzumelden? Alles für sich betrachtet ist noch keine Katastrophe – aber der Vergleich mit dem Kölner U-Bahn-Bau liegt für mich auf der Hand: Wenn man immer mehr tragende Teile aus einem Fundament entfernt, so bricht es irgendwann in sich zusammen und mit ihm der Bau, der darauf ruht.

Die Zunahme von Gewalt an unseren Schulen, die Nachricht von immer neuen, immer schrecklicheren Attentaten ist für mich kein Zufall. Genauso wenig wie die Tatsache, dass viele Kinder und Erwachsene keinen ausgeglichenen, glücklichen Eindruck machen. Wir haben unser Leben auf die falschen Fundamente gesetzt: Leistung, Besitzstreben, Lustgewinn. Wir haben die falschen Werte propagiert und unserem Leben nach und nach die richtigen und wichtigen entzogen: Vertrauen auf Gott. Nächstenliebe. Respekt. Bescheidenheit. Höflichkeit. Kein Wunder, dass wir bei berühmten und weniger berühmten Menschen miterleben, wie ihr Leben in sich zusammenbricht. Ich muss das gar nicht näher ausführen. Sicher hat jeder von uns das eine oder andere Beispiel vor Augen.

Soviel ist sicher: Stürme bleiben keinem von uns erspart. Wir wünschen unserem Taufkind, dass es – von Menschen, die es gut mit ihm meinen, abgeschirmt – noch lange von den Stürmen des Lebens verschont bleibt und sozusagen unbeschwert im Windschatten aufwächst. Aber eines Tages wird auch an seinem Leben ein Verlust, eine Enttäuschung, eine Sorge wie ein Sturmwind rütteln und es ins Wanken bringen wollen. Dann zählt nicht, wie hübsch sein Lebenshaus aussieht und welch kostbares Material beim Bau verwendet wurde. Dann zählt allein, auf welchem Fundament sein Lebenshaus steht. Dann ist ein sicheres Fundament wirklich Gold wert.

Sich in Gottes Liebe geborgen zu wissen, mit ihm in jeder Lebenssituation einen Gesprächspartner zu haben, die eigenen Sorgen bei ihm abladen zu können, sich seiner Fürsorge gewiss zu sein und Orientierung beim Einschlagen des weiteren Weges zu haben – das macht ein Lebenshaus fest und sicher.

Gewisse Grundfertigkeiten zu kennen und einzuüben, das ist für den Bau eines Hauses ganz wichtig. Aber die wichtigsten Dinge lernt man sicher im Handwerk von Menschen, die mehr Erfahrung haben als man selber, vom Austausch mit ihnen und davon, dass man es ihnen nachmacht. In der Kindererziehung ist es ganz ähnlich. Unsere Aufgabe ist zum einen, alle Kinder, die bei uns getauft werden und aufwachsen, mit dem Wort Gottes vertraut zu machen. Aber ebenso wichtig ist es, dass wir selbst dieses Wort nicht nur hören, sondern auch tun. Dass wir selber unseren Lebensbau auf dieses Fundament setzen. Dass wir Kindern zeigen, wie ermutigend es ist, auf Gottes Wort zu vertrauen und sich daran zu orientieren. Lernen geschieht ja nicht nur mit dem Kopf, sondern mit dem ganzen Leben. Deshalb brauchen Kinder erwachsene Menschen, die sich an Gottes Wort orientieren. Jesus lädt uns ein, solche Menschen zu sein. Unser Vertrauen auf Gottes Wort zu setzen. Tragende Teile da zu lassen, wo sie hingehören. Das wird nicht nur unser Lebenshaus in Stürmen vor dem Zusammenbruch schützen. Das wird auch das Leben der Menschen schützen, die heranwachsen, für die wir verantwortlich sind und die sich an uns orientieren. Amen.

Predigt über Matthäus 5, 13, gehalten am 4.5.2008 im Konfirmationsgottesdienst

Liebe Gemeinde,

endlich ist er da, der große Tag. Der Tag eurer Konfirmation, liebe Mädchen und Jungen. Ein großer Tag auch für Sie, liebe Eltern, die Sie Ihre Schützlinge bis hierhin liebevoll begleitet haben. Das werden Sie auch weiterhin tun. Aber heute bietet sich die Gelegenheit, einmal innezuhalten und sich - nicht ohne Stolz - anzuschauen: Was ist da in 13, 14 Jahren aus meinem Sohn, meiner Tochter geworden?

Vielleicht gehen Ihnen ja auch ganz andere Dinge durch den Kopf. Das heutige Fest musste gut vorbereitet werden. Vielleicht schwirren Ihnen noch die letzten praktischen Fragen durch den Sinn: Haben wir auch genügend Wein kalt gestellt? Ist die Tischordnung gelungen, sitzt jeder da, wo er sitzen soll? War das neue Kleid, der neue Anzug, eine gute Wahl? Und, wenn Sie das Essen selbst zubereitet haben: Habe ich überhaupt Salz an den Braten getan? Oder werden meine Gäste gleich von dem köstlichen Duft und dem appetitlichen Aussehen angelockt, einen ersten Bissen tun, nur um festzustellen: Das schmeckt ja nach gar nichts.

Ein schöner Anblick, aber fad. Die Blicke auf sich ziehend, ohne einen nachhaltigen Eindruck zu hinterlassen. Mit diesen Worten lässt sich nicht nur ein misslungenes Festessen beschreiben. Das könnte meiner Ansicht nach auch die Beschreibung von Teilen unseres öffentlichen Lebens sein.

Eine Beschreibung der Musikszene von heute etwa. Ich will ja nicht behaupten, dass jeder Stern, der sich in meiner Jugend am Showhimmel bewegte, ein großes Licht war. Aber immerhin: Die Stars hielten sich über Jahrzehnte. Ja, die Leute erkennen sie bis heute wieder und freuen sich, sie zu sehen, und wenn es auf einem Betriebsfest oder in einem Bierzelt ist.

Die jungen Leute, die heute durch sogenannte Castingshows nach oben katapultiert werden, haben meistens nur eine kurzlebige Karriere. Denjenigen, der vor drei Jahren zum Superstar erklärt wurde, kennt heute schon fast niemand mehr.

In der Politik ist Ähnliches zu beobachten. Ein Willy Brandt, Herbert Wehner oder Franz Josef Strauß waren vielleicht äußerlich keine Erscheinungen, die jedem imponiert haben. Aber man wusste, wenn sie in der Öffentlichkeit auftraten, gleich, wofür sie standen. Sie wurden geliebt oder gehasst.

Politiker von heute müssen viel mehr auf ihr äußeres Erscheinungsbild achten. Aber wofür sie eigentlich stehen, ist nicht so eindeutig zu erkennen. Allzu farblos und gleichförmig kommen sie mir oft vor. Das, was sie von sich geben, finde ich fad und ohne Würze. Es hinterlässt keinen bleibenden Geschmack. So sind wir oft ratlos, wen wir wählen sollen. Keiner dieser blassen Gestalten trauen wir es so richtig zu, die Probleme in unserem Land anzupacken und zu lösen.

Jede Zeit hat ihre Probleme. Jede heranwachsende Generation muss sich neuen Herausforderungen stellen. Das galt für eure Großeltern, liebe Konfirmandinnen und Konfirmanden, für eure Eltern, und für euch gilt das ganz genauso. Mit dem einen Unterschied vielleicht, dass eure Generation sich mit Herausforderungen von globalem Ausmaß auseinandersetzen muss. Wenn wir etwa an den Klimawandel denken. Oder an die gerechte Verteilung von Gütern auf dieser Erde. Um solche Probleme anzugehen, braucht es handfeste Persönlichkeiten. Keine Typen, die nur fades Zeug von sich geben. Sondern Menschen, die das Salz der Erde sind.

„Ihr seid das Salz der Erde“, sagt Jesus in der Bergpredigt zu seinen Zuhörern (Mt.5, 13), und ich gebe seine Worte heute an euch weiter. Ihr seid auf diesen Satz gestoßen, als wir uns Jesu Bergpredigt angesehen haben. Und er ist euch damals besonders im Gedächtnis geblieben, weil ihr ihn nicht so richtig verstanden habt. Vor allem den Satz, der noch folgt: „Wenn nun das Salz kraftlos wird, womit soll man‘s salzen?“

„Ihr seid das Salz der Erde." Was meint Jesus damit? Bei Wikipedia[2] habe ich gelesen, dass Salz lange Zeit auch als „weißes Gold" bezeichnet wurde. Salz war fast so kostbar wie Gold. Städte, in denen mit Salz gehandelt wurde, die am Salzimport beteiligt waren, waren früher reich. Ungesalzene Nahrung mag niemand essen. Salz ist darüber hinaus ein brauchbares Konservierungsmittel. Salz wurde also zu allen Zeiten gebraucht. Aber Salz findet man auch nicht auf der Straße. Es muss in Bergwerken abgebaut oder aus Salzwasser gewonnen werden. Nicht jeder hat Zugang dazu. Salz war lange Zeit eine Kostbarkeit. Zur Zeit Jesu auf jeden Fall.

„Ihr seid das Salz der Erde", heißt zunächst einmal: Ihr seid kostbar und wertvoll. Ihr sechzehn, die ihr heute hier vor mir sitzt. Vielleicht habt ihr Mühe, diesem Satz innerlich zuzustimmen. Wir Erwachsenen übrigens auch. Ich, die ich immer die schlechten Zensuren in Mathe schreibe? Ich, die ich morgens meinen eigenen Anblick im Spiegel nicht leiden kann? Ich, der ich manchmal mit Gott und aller Welt auf Kriegsfuß stehe? Ich bin kostbar und wertvoll?

Ich hoffe, ich habe euch in eineinhalb Jahren Konfirmandenunterricht ein wenig davon vermitteln können, mit welcher Wertschätzung Jesus den Menschen begegnet. Dass er uns zeigt, wie wertvoll uns Gott einschätzt. Und das nicht nur durch Worte. Obwohl Wörter wichtig sind. Ein Satz wie: „Du bist Gold wert!" kann richtig gut tun. Aber Jesus hat den Menschen auch durch seine Taten gezeigt, dass sie ihm wichtig sind. Vor allem durch seinen Tod. Beim Abendmahl hat er seinen Jüngern deutlich gemacht: Jeder von euch ist mir wichtig genug, um für ihn in den Tod zu gehen. „Christi Leib, für dich gegeben. Christi Blut, für dich vergossen." Ab heute dürft ihr euch beim Abendmahl immer wieder bestätigen lassen, wie wertvoll ihr seid. Kostbarer als Gold. Egal, welche Noten ihr schreibt. Wie viel Freunde ihr habt. Ob ihr einmal Karriere macht oder nicht. Das sagt nichts über euren Wert aus. Wichtig ist, dass ihr Jesus mehr wert seid als sein eigenes Leben. „Ihr seid das Salz der Erde" - ihr seid wertvoll.

„Ihr seid das Salz der Erde", sagt Jesus, und nicht etwa: Ihr seid der Zucker. Zucker - wohlschmeckend, aber nur in Maßen ein wertvolles

[2] Vgl. zum Folgenden de.wikipedia.org., Artikel „Kochsalz"

Lebensmittel. Oft zu Dekorationszwecken gebraucht. Ihr seid nicht nur dazu da, um das Leben zu versüßen und zu verschönern. Vielleicht muss ich dieses Wort besonders an euch Mädchen richten. Obwohl ich gemerkt habe, dass auch für euch Jungen der dekorative Aspekt nicht unwichtig ist. Die Frage, wie ihr eure Haare färbt und stylt. Welche Klamotten ihr tragt. Sich damit zu befassen, ist eine nette Nebenbeschäftigung. Aber lasst euch nicht auf euer Aussehen reduzieren, auf euer Erscheinungsbild. Ihr seid in der Lage, Sinnvolles zu tun. Die Welt zu verbessern. Frieden zu stiften. Ihr seid das Salz der Erde. Nicht bunter Zucker, in dekorative Formen gepresst.

„Ihr seid das Salz der Erde", sagt Jesus und nicht: Ihr seid der Essig. Obwohl ich euch genauso manchmal erlebt habe. Nämlich ziemlich säuerlich. Schon deshalb, weil ihr jeden Dienstag hierher kommen und euch mit Dingen beschäftigen musstet, die euch nicht so furchtbar interessiert haben. Damit kann ich leben. Das ist normal für Konfirmanden. Aber ich habe euch auch im Umgang miteinander als ziemlich säuerlich erlebt. Wobei ich auch nicht die deftigen Schimpfworte meine, mit denen ihr euch manchmal bedenkt. Sondern dass ihr gegenseitig eure Leistungen so niedermacht. Wenn denn wirklich mal jemand Interesse und Einsatz zeigte, wurde er gleich als „Streber" tituliert. Ich habe das Gefühl, dass ihr in der Schule ähnlich ätzend miteinander umgeht und euch so in euren Leistungen bremst. Ich vermute, es steckt so etwas wie Neid dahinter. Aber den habt ihr nicht nötig. Ihr seid alle begabte junge Leute, jeder auf seine Weise. Ihr braucht einander eure Leistungen nicht sauer zu machen wie Essig. Ihr könnt dazu beitragen, die Welt durch den Einsatz eurer speziellen Begabungen ein bisschen schmackhafter zu machen. Ihr seid das Salz der Erde.

„Ihr seid das Salz der Erde" - dabei werde ich in Verbindung mit eurer Gruppe wohl eher das Stichwort „Öl" in Erinnerung behalten. Jenen mir unvergesslichen Tag, an dem wir Brötchen fürs Abendmahl backen wollten, aus Quark-Öl-Teig, und euch beim Einkaufen die Öl-Flasche kaputt gegangen ist, sodass sich das Öl über alle anderen Zutaten ergoss und sie unbrauchbar machte. Die Brötchen hier vorne auf dem Altar sind das Ergebnis unseres zweiten Anlaufs, unseren Backplan zu verwirklichen. Aber jenen Ölfilm, der sich schleimig auf Lebensmittel,

Klamotten und meine Hände legte, werde ich so schnell nicht vergessen. Öl - ein wunderbares Schmiermittel. Nicht nur Brötchen- und Kuchenteig, sondern auch Maschinenteile macht es geschmeidig. Aber Jesus sagt nicht: Ihr seid das Öl der Erde. Er sagt nicht: Ihr seid dazu da, die Kriegs- und Ausbeutungsmaschinen auf dieser Erde um jeden Preis am Laufen zu halten.

„Ihr seid das Salz der Erde" - und das kann manchmal fast so viel heißen wie: Ihr seid Sand im Getriebe. Wo immer Menschen leiden, ausgebeutet, unterdrückt werden, da werft euch dazwischen. Jesu Wort „Ihr seid das Salz der Erde" folgt direkt auf seine Seligpreisungen. Und die sind an die Leidtragenden, die Trauernden, die Armen und Hungernden gerichtet. Jesus besitzt eine Vorliebe für Menschen mit Schwachstellen, für die auf der Schattenseite des Lebens. Die, die zu ihm gehören, sind da nicht anders. Es sind Menschen, die sich von Gott geliebt wissen und von daher mit ihren eigenen Schwachstellen gelassen umgehen können. Menschen, die die Notleidenden dieser Welt nicht vergessen, sondern für sie Partei ergreifen. Menschen, die Stellung beziehen. Salz der Erde.

„Ihr seid das Salz der Erde", sagt Jesus, und diese Erde ist weit. Ihr müsst schauen, wo ihr eines Tages euren Platz findet. Aber auch diese Kirchengemeinde ist solch ein Stück Erde. Zu der Kirchengemeinde, in der ich früher gearbeitet habe, gehörte ein Kindergarten. Und in einem Lieblingslied der Kinder hieß es: „Wir sind das Salz in der Suppe der Gemeinde". Das Salz in der Suppe der Gemeinde - das sind nicht nur Mädchen und Jungen im Kindergartenalter, sondern alle jungen Menschen.

Ihr habt während eurer Zeit so ein bisschen vom Ablauf der Presbyteriumswahl[3] mitbekommen. Eine Wahl, die bei uns mit erfreulich hoher Beteiligung, aber nur wenigen Jungwählern ablief. Bei der nächsten Wahl in vier Jahren dürft ihr auch wählen, ja, einige von euch werden sogar schon alt genug sein, um sich wählen zu lassen. Wir brauchen die Mitarbeit von jungen Menschen in unseren Gremien und an vielen Orten der Gemeinde, damit unsere Gemeinde lebendig bleibt und sich ansprechend gestalten lässt. Ab heute sind dafür nicht mehr allein

[3] = Kirchengemeinderatswahl

die Presbyteriumsmitglieder, die Mitarbeitenden und ich, die Pfarrerin, verantwortlich. Konfirmation heißt: Nicht nur die Küsterin. Nicht nur der Vorsitzende des Presbyteriums. Nicht nur die Pfarrerin. Sondern ihr seid mit verantwortlich für das, was in der Gemeinde geschieht.

Einige von euch habe ich, etwa wenn es ums Auswendiglernen ging, als solche kennengelernt, die gern mal etwas vor sich herschieben. Konfirmation heißt: Die Zeit des Aufschiebens ist vorbei. Nicht übermorgen. Nicht morgen. Nein, ab heute. Zu Frieden und Gerechtigkeit in der Welt könnt ihr heute schon beitragen. „Ihr **seid** das Salz der Erde." Amen.

Predigt über 1. Korinther 7, 29-31, gehalten im Gottesdienst am 21.10.2012 (20. Sonntag nach Trinitatis) aus Anlass des Goldenen Konfirmationsjubiläums

Liebe Gemeinde, ganz besonders aber: liebe Goldkonfirmandinnen und Goldkonfirmanden!

„Die Zeit ist kurz." (V. 29) Diesen Satz von Paulus aus unserem Predigttext können sicher die meisten von Ihnen anstandslos unterschreiben. Gerade an einem Tag der Erinnerung und des Gedenkens wie heute. 50 Jahre liegt Ihr Konfirmationstag in diesem Jahr zurück. Kommt es Ihnen nicht wie gestern oder vorgestern vor, als Sie, wie meine Konfirmanden heute, mal mehr und mal weniger lustig Woche für Woche hierher zur Gemeinde pilgerten, um von meinem Vorvorgänger in die Grundkenntnisse des christlichen Glaubens eingewiesen zu werden? Als der lang ersehnte Tag der Konfirmation dann endlich da war und Sie aufgeregt im neuen Anzug oder Kleid hier vorne saßen und darauf warteten, von Ihrem Konfirmator eingesegnet zu werden?

Natürlich ist in den letzten 50 Jahren viel geschehen: Sie haben die Schule beendet und eine berufliche Qualifikation erworben. Sie haben geheiratet und sind Mutter oder Vater geworden. Sie sind umgezogen oder haben ein Haus gebaut. Sie haben auch Menschen verloren, die Ihnen wichtig waren, Ziele verfehlt, Niederlagen erlitten.

Sie sind von diesen unterschiedlichen Erfahrungen geprägt worden. Trotzdem sind Sie vermutlich weit davon entfernt, sich jeder Herausforderung, die auf Sie zukommen könnte, gewachsen zu fühlen. Im Gegenteil: Gehört nicht gerade das zu den Einsichten, die Sie gewonnen haben, dass wir Menschen manchmal ganz schön hilflos sind und mit unseren Künsten wenig ausrichten können? Ein bisschen von dem unsicheren Konfirmanden, der schüchternen Konfirmandin von damals wohnt vielleicht noch immer in Ihnen. Sie fühlen sich noch eng verbunden mit dieser Person, und auch deshalb wirkt der zeitliche Abstand zu Ihrer Konfirmandenzeit manchmal gar nicht so groß.

Inzwischen gehören Sie zu den Jahrgängen der „jungen Alten“. Zu den „Best-Agern“, den Menschen im besten Alter, wie es in der Werbung so schön umschrieben wird. Zu denjenigen, die sich dem Ruhestand nähern oder ihn bereits angetreten haben. Die zwar einige Zipperlein haben, aber für die Krankheiten noch nicht das bestimmende Lebensthema sind. Die zwar nicht reich sind, aber doch freier als in früheren Jahren über ihr Geld und über ihre Zeit verfügen können. Eine Personengruppe, die die Pflicht bewältigt hat und nun mit Vorfreude der Kür entgegensehen kann.

Ein Bekannter hat sich in ähnlicher Weise auf den Ruhestand gefreut. Zumal hinter ihm 40 Jahre der Arbeit in einem Beruf lagen, den er alles andere als geliebt hat. Wie hat er sich darauf gefreut, jeden Morgen auszuschlafen, keine ungeliebten Pflichten mehr zu übernehmen, niemandem mehr Rechenschaft ablegen zu müssen, der ihm sagte, wo es lang ging. Eine Zeit lang hielt diese Freude an. Dann wich sie der Langeweile und einer gewissen Orientierungslosigkeit, obwohl er durchaus ein Mensch ist, der sich beschäftigen kann. Trotzdem fragte er sich: Was kommt denn jetzt noch auf mich zu? Was habe ich noch zu erwarten? Welche Ziele kann ich mir noch setzen?

Zumal es unübersehbare Zeichen gibt, dass auch die Zeit des besten Alters nicht unbegrenzt ist. Bei vielen von Ihnen sind inzwischen Elternteile oder Geschwister und Freunde verstorben, und mit deren Tod hat das Thema Sterben auf einmal an Aktualität gewonnen. Die Kinder sind aus dem Haus gezogen, und einige von ihnen haben Sie zu Großeltern gemacht. Einige Ihrer Lebensziele sind verwirklicht. Auch das kann einen Anlass darstellen, nach dem zu fragen, was noch kommt, was noch möglich ist. Wie werden Sie die folgenden Lebensjahre ausfüllen? Gibt es noch Ziele, die zu erreichen sich lohnt? Werden Sie die Kraft haben, Ihre Pläne durchzuziehen?

Auch die Phase des besten Alters ist nicht unendlich. Wenn man erst einmal begonnen hat, sie zu gestalten, gilt auch für sie, was der Apostel Paulus sagt: „Die Zeit ist kurz.“ Und was ist, wenn die Kräfte nachlassen, wenn der Tod näher rückt? Nähern Sie sich unwiderruflich dem Zeitpunkt, von dem an es nur noch bergab geht und Sie nichts mehr zu erwarten haben?

„Die Zeit ist kurz." Auch Paulus sagt diesen Satz nicht mit dem Blick auf die Vergangenheit, sondern mit dem Blick auf die Zukunft. Dabei hat er eine sehr eigenwillige Perspektive. Eine Perspektive, die er mit den Christen in Korinth, an die er seinen Brief richtet, teilt. Wie alle Christen der ersten Generationen sind Paulus und die Korinther der festen Überzeugung: Jesus Christus wird bald wiederkommen. Deshalb ist die Zeit, die uns hier auf Erden noch geschenkt ist, begrenzt.

Für die Korinther war dies ein Anlass, alle gültigen Regeln hinter sich zu lassen und nur noch das zu tun, was ihnen in den Sinn kam. Einige von ihnen hatten das Gefühl: Das Reich Gottes ist schon angebrochen. Sie begaben sich auf geistige Höhenflüge. Andere kümmerten sich nicht mehr um ihre Ehefrauen, weil sie sich sagten: Angesichts des kommenden Reiches Gottes ist die Ehe sowieso nicht mehr wichtig. Wieder andere schwelgten in Fress- und Saufgelagen und vergaßen darüber die Armen in der Gemeinde. Salopp ausgedrückt, kann man sagen, dass der Glaube an die kurz bevorstehende Wiederkehr Christi bei einigen Korinthern so eine Art geistlicher Midlifecrisis[4] auslöste.

Wie gesagt: Die Auffassung, dass wir unausweichlich auf Jesu Wiederkunft zugehen, teilt Paulus mit den Korinthern. Und wir dürfen uns von ihm daran erinnern lassen. Denn obwohl dies Bestandteil unseres Glaubensbekenntnisses ist „von dort wird er kommen, zu richten die Lebenden und die Toten", ist es ein Glaubenssatz, den wir weithin aus unserem Lebenshorizont verbannt haben. Natürlich sind wir 2000 Jahre weiter in der Geschichte als Paulus und die Korinther. Wir wissen, dass deren Erwartung einer baldigen Wiederkunft Jesu sich nicht erfüllt hat. Aber den Glauben an seine Wiederkehr deshalb ganz aufzugeben, hieße, das Kind mit dem Bade auszuschütten. Nein, das ist ein ganz wichtiger Bestandteil unserer christlichen Botschaft: Gott hat nicht nur vor langer Zeit seinen Sohn Jesus Christus in die Welt geschickt, um an unserem Schicksal Anteil zu nehmen. Er kommt uns auch aus der Zukunft entgegen. Ja, er ist unsere Zukunft. Das ist „unser einziger Trost im Leben und im Sterben."[5]

---

[4] Krise in der Mitte des Lebens

[5] Frage 1 des Heidelberger Katechismus, zitiert nach dem Evangelischen Gesangbuch, Ausgabe für die Evangelische Kirche im Rheinland, von Westfalen und die Lippische Landeskirche, Gütersloh/Neukirchen/Bielefeld 1996, S. 1331

Das gilt für jeden von uns. Denn keiner von uns weiß, wie viel Zeit, wie viel Zukunft ihm noch beschieden ist, auch wenn man sich das in jüngeren Jahren wenig bewusst gemacht hat. Wie Gott am Anfang Ihres Weges zu Ihnen gestanden und sich in Taufe und Konfirmation zu Ihrem Begleiter erklärt hat, so führen Ihr Weg und Ihre Zukunft unweigerlich wieder auf ihn zu. Er wird auch weiterhin Ihr Begleiter sein, in aller Zukunft.

Mag die vor uns liegende Zeit kurz oder lang sein – Gott kommt uns entgegen. Wir gehen auf ihn zu. Diesen Glauben teilen wir mit Paulus und mit den Korinthern. Allerdings zieht er ganz andere Konsequenzen aus diesem Glauben als die Korinther. Während er für sie Anlass ist, alle Regeln und alle Ordnung über Bord zu werfen und die christliche Freiheit in vollen Zügen zu genießen, so gilt für Paulus: Bleibt in euren Bindungen und Verantwortlichkeiten! Wer verheiratet ist, soll nicht plötzlich seinen Partner verlassen. Wer eine Aufgabe übernommen hat, soll sie nicht einfach hinschmeißen. Wer ein Sklave ist, soll seinem Herrn nicht davon laufen. Christliche Freiheit verwirklicht sich nicht darin, das wegzuwerfen, was man hat, sondern im „Haben, als hätte man nicht". Was aber sollen wir darunter verstehen?

Diese Frage hat mich bei der Predigtvorbereitung sehr beschäftigt. Denn ich finde, es gibt in unserer Zeit schon viel zu viele Menschen, die so leben: die haben, als hätten sie nicht. Die verheiratet sind, aber so ungezügelt ihre Freiheit leben, als bräuchten sie auf ihre Partnerin oder ihren Partner keine Rücksicht zu nehmen. Die ein Ehrenamt übernehmen, aber dann wieder hinwerfen, wenn es beginnt, Mühe zu machen. Die ihre Kinder irgendwohin abschieben, um weiterhin ihren Vergnügungen nachzugehen. Die die Ressourcen dieser Schöpfung gedankenlos ausnutzen, als hätten sie noch eine zweite Welt in der Hosentasche. Ich glaube nicht, dass es das ist, was Paulus meint, wenn er uns dazu auffordert, zu haben, als hätten wir nicht. Diese Art von Gedankenlosigkeit gleicht eher dem korinthischen Lebensstil.

Zu haben, als hätte man nicht – das umschreibt wohl eher einen Lebensstil, der sich an den Zehn Geboten orientiert, die Sie ja auch vor 50 Jahren hier als Konfirmandinnen und Konfirmanden gelernt haben.

In diesen Zehn Geboten werden wir sehr nachdrücklich an die Rechte unserer Mitmenschen erinnert: Daran, auf ihr Leben und ihr Eigentum Rücksicht zu nehmen. Wir werden dazu aufgefordert, Beziehungen zu pflegen und Verantwortung zu übernehmen, etwa wenn es heißt, dass wir Vater und Mutter ehren sollen. Vor all diesen Geboten aber steht das erste Gebot: „Ich bin der Herr, dein Gott. Du sollst keine anderen Götter neben mir haben." Martin Luther erklärt das erste Gebot mit den Worten: „Wir sollen Gott über alle Dinge fürchten, lieben und vertrauen."[6] Und mit diesem Satz: „Wir sollen Gott fürchten und lieben", beginnt er dann auch die Erklärung aller anderen Gebote. Auch die Erklärung derer, die das Verhältnis zu unserem Nächsten betreffen.

Mit meinen Konfirmandinnen und Konfirmanden diskutiere ich oft darüber, warum das erste Gebot wie eine Überschrift allen anderen vorangeht. Ob Gott sich damit nicht über die Gebühr wichtig nimmt? Aber: Er ist eben unvergleichlich wichtig für unser Leben, weil er unsere Beziehung zu allen anderen Dingen ins richtige Verhältnis setzt. Wenn wir ihn über alle Dinge fürchten, lieben und vertrauen, dann bleibt für die anderen Menschen und Dinge gerade das richtige Maß an Ehrfurcht und Respekt. Dann können wir unserem Partner und unseren Kindern mit Liebe begegnen, ohne zu erwarten, dass sie den Sinn unseres Lebens ausmachen. Dann können wir eine Pflicht übernehmen, ohne ständig das Gefühl zu haben, etwas zu verpassen. Dann werden wir der Natur mit Respekt begegnen und uns an ihr freuen, ohne sie für unsere Bedürfnisse auszubeuten. Wenn wir Gott über alle Dinge fürchten und lieben, dann werden wir lernen zu haben, als hätten wir nicht.

Liebe Goldkonfirmandinnen und Goldkonfirmanden, heute ist ein Tag, um dankbar Rückschau zu halten auf die vergangenen 50 Jahre und mehr, so kurz oder so lang Ihnen die Zeit auch scheinen mag. Immerhin: Das ist keine Selbstverständlichkeit, dass Sie heute hier dieses Jubiläum mit Ihren Mitkonfirmanden feiern können. Wie viele Jahre vor Ihnen, wie viele Jahre vor jedem von uns liegen – Gott allein weiß es. Durch seinen Sohn Jesus Christus lässt er uns wissen: Was auf jeden Fall vor uns

---

[6] Der Kleine Katechismus Dr. Martins Luthers, zitiert nach dem Evangelischen Gesangbuch, Ausgabe für die Evangelische Kirche im Rheinland, von Westfalen und die Lippische Landeskirche, Gütersloh/Neukirchen/Bielefeld 1996, S. 1312

liegt, ist die geöffnete Tür zu seinem Vaterhaus. Mit diesem Wissen können wir jeden Tag des vor uns liegenden Lebens gestalten. Wir können uns an dem freuen, was wir haben, ohne uns daran zu klammern. Wir haben die Freiheit, zu haben, als hätten wir nicht. Amen.

2. Alltag

Predigt über Lukas 8, 4-8 vom 12.2.2012 (Sexagesimae)

Liebe Gemeinde!

Vor vielen Jahren haben meine Eltern und ich zweimal einen wunderschönen Urlaub an der französischen Atlantikküste verbracht. Nur eine Kleinigkeit trübte die Stimmung im ersten Urlaub: Wir hatten uns bald an den ewigen Baguettes leidgegessen. Man muss sie möglichst frisch zu sich nehmen, damit sie schmecken. Sie bis zur nächsten Mahlzeit zu verwahren, hatten wir bald aufgegeben. Aber irgendwann waren wir das wenig gehaltvolle Weißbrot trotzdem leid und freuten uns wieder auf unsere Brotauswahl zuhause. Im zweiten Urlaub waren wir besser ausgestattet: Im Kofferraum lagen mehrere Packungen Vollkornbrot, die uns gut über die Urlaubswochen hinweg geholfen haben.

Um Korn geht es auch in unserem Predigttext, wenn auch um Korn, das noch ganz am Anfang eines langen Weges steht. Das fertig gebackene Brot stellt ja das Ende dieses Weges dar. Unser Predigttext erzählt uns, wo dieser Weg seinen Ausgang nimmt: nämlich in der Hand eines Bauern, der das Korn für die nächste Ernte aussät. Mit einer Hand voll von Körnern geht es los, in der warmen Hand des Bauern noch Seite an Seite liegend. Dann aber schleudert er die Körner, die sich in seiner Hand befinden, in alle Richtungen, verteilt sie auf seinem ganzen Land. Jedes landet an einem anderen Platz und muss sehen, wie es dort Wurzeln schlägt, aufgeht und gedeiht.

Diese schleudernde Geste des Sämanns, diese in alle Richtungen verteilten Körner – das ist es, was mir an unserem Predigttext besonders plastisch vor Augen gestanden hat. „Geworfen sein“ – das ist nämlich nicht nur das Schicksal von Körnern bei der Aussaat. „Geworfen sein“ - das ist auch ein wichtiger philosophischer Begriff aus der ersten Hälfte des 20. Jahrhunderts.[7] Er gibt etwas wieder vom Lebensgefühl der Menschen jener Zeit.

Dieses Gefühl war zum einen geprägt von den weltgeschichtlichen Ereignissen, nämlich den beiden Weltkriegen. Diese Kriege haben viele Menschen entwurzelt: Menschen verloren ihre Heimat und mussten an einem völlig fremden Ort neu anfangen. Familien wurden auseinandergerissen, man fand sich plötzlich unter Fremden wieder.

Das Lebensgefühl war aber auch geprägt von der weltanschaulichen Situation, davon etwa, dass es seit der Aufklärung gang und gäbe war, den christlichen Glauben hinter sich zu lassen. Die marxistische Religionskritik und die nationalsozialistische Feindschaft dem Christentum gegenüber taten das Ihre dazu. Menschen waren auf einmal nicht mehr verwurzelt im christlichen Glauben. Sie kannten die Geborgenheit nicht mehr, die dieser Glaube schenkt. So wurde der Begriff „Geworfen sein“ für einen Philosophen wie Martin Heidegger oder die französischen Existentialisten zu einem Grundbegriff ihrer Weltanschauung. Das klingt jetzt kompliziert, steht aber für ein Grundgefühl, das sie mit vielen ihrer Zeitgenossen teilten: Sie kamen sich in ihrem Leben vor wie hingeworfen an irgendeinen fremden Ort, an dem sie nicht zuhause waren, und mussten sehen, wie sie dort zurechtkamen.

Von uns haben nur die Älteren den Zweiten Weltkrieg noch mit erlebt. Den anderen von uns fehlt die Kriegserfahrung, genau wie die Erfahrung, der Heimat gezwungenermaßen entwurzelt zu werden, zum Glück. Menschen in vielen anderen Ländern dieser Erde sind da nicht so gut dran wie wir.

Auch die Zeit der großen Ideologien, denen die Menschen in Scharen anhingen, mag für uns vorbei sein. Kleine, greifbarere Weltanschauungen haben sie verdrängt, zum Beispiel die Überzeugung, allein an das zu glauben, was ich sehen, schmecken oder gar kaufen kann. Das scheint gegenüber den großen Weltentwürfen greifbarer und verlässlicher zu sein.

---

[7] Vgl. Hans-Joachim Störig, Kleine Weltgeschichte der Philosophie Frankfurt 1980 11. Auflage, Bd. 2, S. 302 ff

Ich glaube, das Gefühl des „Geworfenseins“ ist trotzdem ein Bestandteil auch unseres Lebensgefühls. Denn nicht nur die Verwurzelung in einer Glaubensgemeinschaft fehlt heute vielen Menschen. Auch viele persönliche Beziehungen – Partnerschaft, Familie, Freundschaft – bieten heute wenig Heimat und Geborgenheit, zumal sie oft schnell zerbrechen. Über diesen Schmerz können auch materielle Besitztümer nicht hinweg trösten. Kinder finden sich plötzlich in halbierten Familien wieder, Frauen oder Männer ohne den vertrauten Partner – unvermittelt in eine Situation geworfen, die sie sich nicht ausgesucht haben, mit der sie aber irgendwie umgehen müssen.

Manche versuchen, diesem Gefühl durch flüchtige Bekanntschaften und oberflächliche Beziehungen auszuweichen. Viele Kontakte, die Menschen heute im Internet im Rahmen sozialer Netzwerke pflegen, gehören für mich dazu. Wie ist allein der Begriff der Freundschaft durch das soziale Netzwerk „Facebook“ entwertet worden. Ich kenne Menschen, die sich bei Facebook an- und dann auch wieder abgemeldet haben, weil ihnen die Kontakte dort zu oberflächlich waren. Weil sie das Gefühl hatten, Schwächen und Probleme nicht zugeben und thematisieren zu dürfen. Eine Freundschaft aber, in der ich nicht über das reden kann, was mir wirklich auf dem Herzen liegt, in der ich nicht die sein kann, die ich bin, das ist für mich zu wenig. Sie schenkt mir keine Geborgenheit. Sie macht meine Seele nicht satt, genauso wenig, wie ein schlaffes Baguettebrot meinen Körper sättigt.

Vermutlich kannten auch die Menschen in Jesu Umgebung das Gefühl des Geworfenseins, auch wenn Sippe und Familie noch sehr viel stabilere Gebilde waren als bei uns heute, auch wenn einige von ihnen Zeit ihres Lebens nicht aus ihrem vertrauten Heimatdorf hinauskamen. Dafür war zum Beispiel die Lebenserwartung sehr viel geringer; früh machten viele die Erfahrung, dass der Tod ihnen einen geliebten Menschen entriss und die Welt für sie ein Stück ärmer und ungeborgener war als vorher.

Jesus aber hat eine frohe Botschaft für sie und für alle Menschen, die sich entwurzelt fühlen, verloren wie ein Getreidekorn, das aus der warmen Hand des Sämanns gefallen ist und sich nun in fremder Erde wiederfindet. Es ist keine utopische Botschaft nach dem Motto: „Alles wird gut“, wie wir das oft so salopp dahinsagen. Jesus kennt die schmerzlichen Erfahrungen, die Menschen in der Fremde machen: das Gefühl des Getretenwerdens, des schutzlosen Ausgeliefertseins, des Verdorrens oder auch des Erstickens an unausgesprochenen Sorgen oder in leeren Beziehungen, die die Seele nicht satt machen.

Jesus erzählt mit Vorliebe Geschichten gegen das Grundgefühl des Geworfenseins, nämlich Geschichten vom Gefundenwerden. Denken wir nur an die Gleichnisse vom verlorenen Schaf, vom verlorenen Groschen, vom verlorenen Sohn (Lk. 15). Egal, wie verloren sich da einer auf dieser Welt fühlen mag, Gott verliert keinen Menschen aus den Augen, auch nicht die an den entlegensten Plätzen. Er sieht uns, und er kümmert sich um uns, er holt uns zu sich heim.

Das heißt nicht, dass er uns alle schweren Erfahrungen erspart. Das verlorene Schaf findet sich an einem völlig unbekannten Ort wieder, der verlorene Groschen kann nicht von selber dafür sorgen, dass er gefunden wird, der verlorene Sohn kommt um die Erfahrung, als Tagelöhner im Schweinestall zu arbeiten, nicht herum. So wie die Erfahrungen von Verlusten und Fremdheit auch zu unserem Leben dazugehören. Trotzdem dürfen wir wissen: Gott verliert uns nicht aus den Augen. Ja, noch mehr: auch wenn uns nichts und niemand mehr vertraut sein sollte, ist er doch in unserer Nähe, hält und trägt uns. In Jesus hat er sich ja selbst in die Fremde dieser Welt hinein begeben, ja schließlich sogar in die Fremde des Todes. Er weiß, was es heißt, sich verloren zu fühlen. Er teilt unsere Verlorenheit und hilft uns, dass wir uns durch seine Nähe nicht mehr so vereinzelt fühlen. Neben dem Gefühl von Einsamkeit und Fremdheit blüht auf einmal so etwas wie Hoffnung auf.

Ja, es gibt doppelte Hoffnung für alle Verlorenen dieser Welt: Zum einen die Hoffnung, die uns unser Gleichnis aufzeigt. In Zeiten des Verlustes und der Einsamkeit kann Neues aufwachsen. Unser altes Ich gibt es vielleicht so nicht mehr. Aber in der Fremde können neue Beziehungen entstehen. Neue Menschen werden wichtig für uns. Das alte Korn stirbt in der Erde. Aber gerade daraus geht ein neuer Halm hervor, auf dem viele neue Körner wachsen.

Die zweite frohe Botschaft trägt uns über unser Gleichnis hinaus. Erinnern wir uns an die Geschichte von Jesu Abendmahl, daran, wie er das Brot bricht und austeilt. „Das Brot, das wir brechen, ist das nicht die Gemeinschaft des Leibes Christi?“ fragt Paulus (1. Kor. 10,16). In der Verbindung mit Christus finden wir, die wir uns in unserem eigenen Leben manchmal so allein und verloren vorkommen, in einer neuen Gemeinschaft wieder. Die warme Hand des Sämanns, die wir verlassen mussten, weil er uns in die Welt geworfen hat, stand am Anfang unseres Weges. Die wärmende Gemeinschaft derer, die zum Leib Christi gehört, ist unser Ziel. Ein Ziel, an dem wir sogar schon ab und zu Zwischenstation machen können, um unsere Seele zu wärmen und Kraft zu schöpfen. Etwa wenn wir Abendmahl feiern.

Ja, zur Gemeinschaft Jesu Christi zu gehören, gibt Kraft und macht die Seele satt. Denn zu Christus dürfen wir kommen, so wie wir sind, mit unseren Verlusterfahrungen, mit unseren Erfahrungen von Einsamkeit und Verlorenheit. Sie sind doch ein Teil von uns, genau wie das Schöne, was wir erlebt haben, wie die Zeiten des Glücks. Ich darf mich ganz auf die Beziehung zu ihm einlassen, ich genauso wie der Menschen neben mir. Gerade durch die vielerlei Erfahrungen, die wir mitbringen, wird unsere christliche Gemeinschaft zu einer Gemeinschaft, die die Seele satt macht. Nicht umsonst haben Bewegungen wie die Hospizarbeit, die Grünen Damen im Krankenhaus oder die Telefonseelsorge ihren Ursprung in der christlichen Gemeinde oder eine feste Verbindung zu ihr. Der Gedanke, dass Menschen mit all ihren schmerzlichen, ihren Verlusterfahrungen unsere Gemeinschaft brauchen und zu unserer Gemeinschaft gehören – hier nimmt er Gestalt an.

Die christliche Gemeinschaft ähnelt nicht einem nährstoffarmen Weißbrot, das zu essen auf Dauer nur eine innere Leere hinterlässt. Sie gleicht einem Brot mit ganzen Körnern, das uns ein echtes, lang andauerndes Sättigungsgefühl vermittelt. Das Geworfensein ist Teil unseres Lebens, das haben die Existentialisten richtig erkannt. Manche lernen schon früh in ihrem Leben das Gefühl von Verlorenheit kennen, andere erst später. Aber unser Weg als Christen endet nicht in der Fremde und Verlorenheit. Auf uns warten die Geborgenheit bei unserem himmlischen Vater und die Gemeinschaft mit all den anderen, die zu ihm gehören. Lassen Sie uns deshalb aus der Vereinzelung herauskommen und Gemeinschaft wagen, lassen wir uns von Christus in die Gemeinschaft seines Leibes einfügen und nach Hause kommen. Amen.

Predigt über 4. Mose 21, 4-9 vom 26.3. (Judica) 2012

Liebe Gemeinde!

Vor Jahren wurde sie mit viel Leidenschaft ausgetragen, und auch jetzt flackert sie immer mal wieder auf: die Auseinandersetzung darüber, ob es angemessen ist, in öffentlichen Gebäuden Kruzifixe aufzuhängen. Die Befürworter weisen auf die christliche Tradition in unserem Land hin. Die Gegner sehen die Neutralität gegenüber Andersgläubigen gefährdet. Aber sie haben noch ein Argument: Sie befürchten, es könne vor allem Kindern schaden, ständig eine leidende, gescheiterte Gestalt wie den gekreuzigten Christus vor Augen zu haben.

In der Kirche haben wir da weniger Berührungsängste. In dem katholischen Krankenhaus, in dem ich arbeite, hängen in vielen Räumen Kruzifixe, nicht nur in der Kapelle. Bei einigen katholischen Mitchristen ist es sogar in der Wohnung so. Bei uns evangelischen Christen kommt das eher selten vor, aber hier in unserem Gottesdienstraum hat das Kreuz einen zentralen Platz und eine zentrale Bedeutung. Eine christliche Kirche ohne Kreuz ist nicht denkbar. Warum räumen wir dem Kreuz einen so zentralen Platz in unserem Glauben ein? Warum haben wir keine Sorge, Schaden bei seinem Anblick zu nehmen? Zu einer Antwort auf diese Fragen kann uns der heutige Predigttext verhelfen.

Das ist ja eine sehr altertümliche Geschichte, die uns da als Predigttext aufgegeben ist: Die Geschichte von den Israeliten, die auf ihrer langen Wüstenwanderung wieder einmal von der Unzufriedenheit mit der gleichen Nahrung gepackt und von Gott dafür mit Schlangen bestraft werden, die um sich beißen. Und schließlich von dieser ehernen Schlange, die Mose aufrichtet und deren Anblick die Israeliten davor bewahrt, an den Bissen zu sterben.

Die Geschichte mag in ihrem Verlauf immer befremdlicher werden, aber sie fängt eigentlich mit einer ganz realistischen Szene an. Die Israeliten sind unterwegs, unterwegs von dem Land ihrer Sklaverei, Ägypten, hin in das gelobte, verheißene Land Israel. Auf den ersten Wegabschnitten haben sie vermutlich noch ganz unter dem Eindruck der Sklavendienste gestanden, die sie in Ägypten verrichten mussten und aus denen heraus

Moses sie befreit hatte. Je länger sie unterwegs waren, desto mehr verklärte sich die Erinnerung. Die kürzlich erworbene Freiheit erschien ihnen auf einmal nicht mehr so wichtig gegenüber den regelmäßigen Mahlzeiten, die sie in Ägypten eingenommen hatten. Auch wenn ich die Fleischtöpfe Ägyptens, von denen sie im Nachhinein schwärmen, für eine Verklärung halte. Reichhaltiger Fleischgenuss war für Sklaven sicher kaum vorgesehen. Aber der tägliche Existenzkampf war in der Wüste sicher härter als in Ägypten.

Die Israeliten haben ihren alten Herrn, Ägypten, zurückgelassen, um ihrem eigentlichen Herrn, dem Gott Abraham, Isaaks und Jakobs, in das verheißene Land zu folgen. Dieser Herr sorgt wahrlich nicht schlechter für sie als die alten Sklaventreiber: Er ernährt sie mit Wachteln und Manna und führt sie immer wieder zu Wasserstellen. Er gibt ihnen genug, um satt zu werden – aber sehr abwechslungsreich ist diese Nahrung natürlich nicht. Irgendwann können die Israeliten das Einerlei nicht mehr ertragen. Die Unzufriedenheit ist so groß, dass sie sich bei Mose und Gott beklagen.

In der Geschichte wird es so dargestellt, als ob Gott ihnen zur Strafe für ihre Unzufriedenheit Schlangen schickt, die sie mit ihren giftigen Bissen quälen. Ich habe den Eindruck: Die Israeliten sind schon längst vorher gebissen und gestochen worden. „Der ist vom Hafer gestochen", sagen wir schon mal, wenn jemand übermütig ist und über das Ziel hinausschießt. Mir kommt es vor, als seien die Israeliten hier vom Hafer gestochen worden. Denn satt geworden sind sie ja bisher auf ihrem langen Weg durch die Wüste durchaus. Gott hat für sie gesorgt. Aber sehr abwechslungsreich war die Speise wirklich nicht. Es ist weniger der Hunger, der sie quält, als ihre Unzufriedenheit. Lange, bevor die Schlangen ihnen ihr Gift einspritzen, hat sich schon das Gift der Unzufriedenheit in ihnen breit gemacht.

Unzufriedenheit hat nur teilweise mit dem zu tun, was einer hat oder nicht hat. Sie ist ein schleichendes, aber sehr wirksames Gift. In unserer Zeit geht es uns sicherlich sehr viel besser als den Israeliten auf ihrer Wüstenwanderung. Eine Vielfalt von Speisen steht uns zur Verfügung, so dass wir unseren Tisch abwechslungsreich decken können. Die Getränkeauswahl in Supermärkten oder bei Feinkosthändlern ist riesig.

Wir haben mehr Besitztümer, als wir mit uns herumtragen können. Ich will hier nun nicht irgendein Armutsideal anpreisen. Es ist ein gutes Leben, das wir führen können, und ich wünschte ein Leben von dieser Qualität jedem Menschen auf der Erde.

Aber es ist nun nicht so, dass unsere gute materielle Ausstattung zwangsläufig zu innerer Zufriedenheit führt. So mancher steht unter dem Druck: „Je mehr er hat, je mehr er will“: Mit dem Computer, den ich habe, bin ich immer gut zurechtgekommen? Es gibt aber jetzt neuere, leistungsstärkere und schnellere Modelle, die mir noch besser gefallen würden. Mein Kleiderschrank platzt eigentlich aus allen Nähten? Aber es ist nichts dabei, was der neuen Frühjahrsmode entspricht. Das Essen bei unserem Lieblingsitaliener ist eigentlich auch immer dasselbe. Wir sollten einmal etwas Neues ausprobieren. Der Urlaub im vorigen Jahr an der Nordsee war schön? Unsere Nachbarn haben aber eine Flugreise unternommen, das hört sich irgendwie besser an, das sollten wir in diesem Jahr auch tun. Selbst wenn wir uns dafür verschulden müssen. Wenn ich mich umschaue, entdecke ich viele Menschen, die vom Hafer gestochen sind, die von Unzufriedenheit wie von Schlangengift innerlich zersetzt werden.

Bei den Israeliten kommen die wirklichen Schlangen noch zusätzlich hinzu, wie ein Symbol für ihre innere Unzufriedenheit, von der sie schon längst vergiftet sind. Diese neuerlichen Qualen bringen sie ins Nachdenken. Sie erkennen ihr Unrecht, gestehen es vor Mose ein und bitten ihn, vor Gott für sie einzutreten. Moses tut dies, und Gott hat Erbarmen mit ihnen. Er schickt ihnen sozusagen ein Gegengift gegen das, das sie in sich tragen: eine eherne Schlange, die Moses hochhalten soll. Der Blick auf diese eherne Schlange soll sie von der tödlichen Kraft des Giftes heilen und ihnen Leben schenken.

Auf den ersten Blick ist das für mich ein sehr seltsames Gegenmittel. Warum lässt Gott sie auf das blicken, was ihnen doch gerade das Elend gebracht hat? Auf das, was sie an das erinnern muss, was sie gerade hinter sich haben? Warum lässt Gott die Israeliten nicht auf das Abbild eines mächtigen Elefanten oder eines starken Löwen blicken, Tiere, die eine Schlange mit einem Fußtritt oder Tatzenhieb töten könnten?

Letzteres entspräche wohl mehr unserer menschlichen Art, Krankheiten zu heilen. Darin sind wir nicht schlecht. Großartige Forscher haben im Laufe von Jahrhunderten wirkungsvolle Medikamente entwickelt, um Krankheiten zu bekämpfen und zu heilen. Denken wir an die Antibiotika, die Krankheiten heilen, die früher ganze Epidemien ausgelöst und die Menschen reihenweise hingerafft haben. Der Glaube an ihre Wirkkraft ist so groß, dass die Ärzte sie im Laufe der Jahre gegen immer harmlosere Leiden eingesetzt und die Landwirte sich ihre Wirksamkeit auch im Bereich der Viehzucht zu Nutze gemacht haben. Sie haben sie so oft eingesetzt, dass sie langsam ihre Wirksamkeit verlieren. Ich glaube, auch in anderen Bereichen der Medizin neigen wir dazu, mit Kanonen auf Spatzen zu schießen, wobei wir unserer Gesundheit nicht immer einen Dienst erweisen.

Es gibt demgegenüber auch Gegenbewegungen, sanfte Heilmethoden, wie zum Beispiel die Homöopathie. Hier gilt der Grundsatz: Ähnliches wird mit Ähnlichem bekämpft. Für unseren Körper gilt genau wie für unsere Seele: Es sind nicht unbedingt die starken, fremdartigen Heilmittel, die uns auf Dauer gesunden lassen. Nicht das starke Gegengift, und nicht der Blick auf einen starken Gott, der alles, was unser Leben beeinträchtigt, mit einem Schlag beseitigt. Nicht der Blick auf einen Gott, der so hoch über uns thront, dass er von unseren Leiden nicht berührt wird.

Es ist gerade der Blick auf den leidenden, gekreuzigten Jesus Christus, der uns stärkt und unsere Seele gesund macht. Gerade weil er uns an unser eigenes Leiden, unsere Schuld, unsere Niederlagen erinnert. Wie die eherne Schlange die Israeliten an die erlittenen Bisswunden erinnern muss. Der Blick auf den leidenden Jesus Christus hilft uns, uns mit dem, was uns krank macht, auseinanderzusetzen. Ja, Christus steht uns in der Auseinandersetzung damit zur Seite und hilft uns. Er weiß, wie sehr es verletzt, verlassen zu werden. Er steht nicht über dem, was uns das Leben schwer macht. Er hilft uns, damit zu leben. Er nimmt ihm durch seine Liebe, die er uns spüren lässt, die tödliche Bedrohung.

Die Grundsätze der Homöopathie werden von Schulmedizinern infrage gestellt. Für den Bereich des Glaubens aber finde ich sie sehr einleuchtend. Man könnte Jesus als so etwas wie den Begründer der

Homöopathie für die Seele bezeichnen. Nicht der Blick auf starke, leuchtende Erlösergestalten ist das, was unserer Seele gut tut. Sondern der Blick auf ihn, der am Kreuz leidet und unser Leid auf sich genommen hat. Der Blick auf ihn, der unser Leiden erleidet, heilt unsere Seele vom tödlichen Gift der Unzufriedenheit, der Sorge, der Schuld.

Diese Heilung ist nicht immer ein spektakuläres Geschehen, ganz ähnlich wie in unserem Predigttext. Da heißt es nicht, dass die Schlangenbisse sozusagen rückgängig gemacht werden. Die Israeliten werden die Wunden und Narben der Bisse noch lange an sich tragen, vielleicht ein Leben lang. Ihr Körper wird noch weiter damit beschäftigt sein, das Schlangengift zu bekämpfen. Aber wer gebissen ist und sieht die eherne Schlange an, der soll leben, heißt es. Und so geschieht es auch. Die Schlangenbisse werden nicht rückgängig gemacht. Aber ihr Gift verliert seine tödliche Kraft.

Bilder starker Helden und Götter üben eine große Anziehungskraft auf uns aus. Nicht umsonst schmieden sich die Israeliten, als Moses auf den Berg geht, um von Gott die zehn Gebote zu empfangen, eine Statue, die einen starken Stier darstellt (2. Mose 32). Das lange Ausbleiben Moses lässt sie an dem Gott zweifeln, der für sie nicht fassbar und sichtbar ist. Aber solche Bilder starker Gestalten helfen unserer Seele nicht, sondern rauben ihr die Widerstandskraft und machen sie krank.

Die Erinnerung an den gekreuzigten Jesus Christus dagegen und der Blick auf ihn tun gut und helfen uns zu leben. Ob Kruzifixe deshalb unbedingt in öffentliche Gebäude gehören, sei dahingestellt. Schaden wird niemand daran nehmen, davon bin ich überzeugt. Für unsere christlichen Räume, ja, für unser christliches Leben ist der Gekreuzigte die alles entscheidende Perspektive. Denn allein der Blick auf ihn macht unsere Seele gesund und lässt uns leben. Amen.

Predigt Jesaja 62, 6-12 vom 12.8.2012 (10. Sonntag nach Trinitatis)

Liebe Gemeinde!

Das Herzstück des dramatischen Gedichts „Nathan der Weise" von Gotthold Ephraim Lessing stellt die so genannte Ringparabel[8] dar. Nathan erzählt darin von einem wertvollen Ring, der in einer Familie im Osten ein Familienerbstück darstellt und vom Vater jeweils an seinen liebsten Sohn vererbt wird, der damit zum Haupterben und Erben des Titels wird. Endlich kommt er an einen Vater mit drei Söhnen, die ihm alle gleich lieb sind. Da er keinen Sohn kränken will, lässt er zwei Nachbildungen des Ringes anfertigen. Sie gelingen dem Künstler so gut, dass keiner die Nachbildungen vom Original unterscheiden kann. Als der Vater stirbt, stellt sich heraus, dass er jedem seiner drei Söhne einen Ring gegeben hat und sie alle in gleicher Weise zu Recht Anspruch auf das Erbe und den Titel erheben. Wem von den dreien sollen sie zufallen? Die Söhne stecken in einer Zwickmühle, in einer scheinbar unlösbaren Situation, genau wie der Richter, an den sie sich schließlich wenden.

Zwickmühlen, unlösbare Situationen, Teufelskreise, denen wir nicht zu entrinnen vermögen – die kennen wir vermutlich auch aus unserem Leben. Aus unserem persönlichen Leben und aus Gesellschaft und Politik. Der heutige Sonntag, der 10. Sonntag nach Trinitatis, wird auch Israel-Sonntag genannt, weil an ihm das besondere Verhältnis der Christen zu Israel bedacht werden soll. Wenn ich an den Staat Israel denke und an das, was ich aus den Nachrichten darüber erfahre, so fällt mir dazu spontan das Wort Zwickmühle oder Teufelskreis ein. Israel und seine ewigen Auseinandersetzungen mit den arabischen und palästinensischen Nachbarn. Mir fallen Stichworte ein wie Angst, Gewalt, Unterdrückung, Bestreitung des Existenzrechts und Hass. Dieser Hass hat sich bei vielen Menschen auf beiden Seiten so hochgeschaukelt, dass eine friedliche Lösung der Konflikte kaum noch denkbar zu sein scheint. Ein Eskalieren des Konflikts würde in einer Katastrophe enden. Im Grunde ist der momentane Zustand schon einem Kriegszustand vergleichbar.

---

[8] Gotthold Ephraim Lessing, Nathan der Weise, ein dramatisches Gedicht in 5 Aufzügen von 1779, Reclam Stuttgart 1975, S. 71 ff.

Kriegszustand, Unterdrückung, Existenznöte – leider ist dies für das Volk Israel keine neue Situation in seiner Geschichte, sondern es hat Vergleichbares immer wieder durchleben müssen. So etwa auch um 500 v. Chr., vielleicht auch etwas später, als sich ein Prophet, der in der Tradition Jesajas steht, mit seiner Botschaft von Gott an das geplagte Volk wendet.

Als dieser Prophet, dessen Worte im Jesaja-Buch aufgezeichnet sind, zu den Menschen spricht, ist Israel kein freies Land, sondern steht unter persischer Oberherrschaft. Die Perser sind schon die dritte Großmacht, die nach den Assyrern und den Babyloniern die Macht in Israel an sich gerissen hat. Sie haben einen etwas liberaleren Regierungsstil als ihre Vorgänger. Diese haben über 100 Jahre zuvor eine ganze Reihe von Israeliten deportiert. Die Perser erteilen ihnen die Erlaubnis, in die Heimat zurückzukehren, wovon aber nur einige Gebrauch machen.

Drei plündernde Großmächte haben ihre Spuren hinterlassen. Nicht nur der Tempel, sondern auch viele Wohngebäude sind nur noch Ruinen. Schutt und Trümmer liegen auf den Straßen. Heimkehrer und Daheimgebliebene streiten sich um die Besitzrechte. Und natürlich müssen sie reichlich Abgaben an die ungeliebten fremden Herrscher entrichten, so dass sie kaum in den Genuss ihrer eigenen Ernte kommen. Untereinander zerstritten, unterernährt - wie sollen sie da die Kraft aufbringen, ihr Land wieder aufzubauen? Ja, auch die Zeitgenossen unseres Propheten stecken in einer Zwickmühle.

Der Prophet erinnert sie an die Kraft ihres Glaubens, an die guten Gaben, die Gott ihnen mit auf den Weg gegeben hat. Aus dieser Erinnerung kann ihnen Kraft und neue Hoffnung für die Zukunft erwachsen. Dreierlei ist es, woran er sie erinnert und was er ihnen verspricht; drei Dinge, die auch für uns als Christen von großer Bedeutung sind. Denn viel wichtiger, als an diesem Tag irgendwelche politischen Urteile zu fällen, finde ich es für uns Christen, dass wir uns an diesem Tag auf das reichhaltige Glaubenserbe besinnen, das wir den Juden zu verdanken haben.

1. Der Prophet erinnert das israelitische Volk daran, dass Gott es zu seinem Eigentum erklärt hat und von diesem Eigentum nicht loslassen wird. Das Zeichen dafür ist Israels Name. Israel trägt Gott, El, in seinem Namen. Nicht immer sind sich alle Israeliten dieser engen Verbindung bewusst gewesen. Oft sind sie eigene Wege gegangen. Aber Gott schenkte ihnen immer wieder und so auch jetzt einen neuen Anfang. Ein Zeichen dafür, dass er die Israeliten nicht bei ihrer Vergangenheit, bei ihrer Verlorenheit und Unfreiheit behaftet, ist die Tatsache, dass er ihnen neue Namen verheißt: heiliges Volk, Erlöste des Herrn, Gesuchte, nicht mehr verlassene Stadt. Diese Namen sind wie Symbole für die Möglichkeit zu einem Neuanfang.

In unserer Taufe sind wir daran erinnert worden, dass wir als Christen wie die Israeliten nach Gott benannt und in besonderer Weise sein Eigentum sind. Dort hat Gott sich zu uns bekannt und sich zu unserem Vater erklärt. Über unseren Namen hinaus, der auf dem Standesamt festgelegt worden ist, dürfen wir uns auch als Christen bezeichnen, in der Erinnerung an Jesus Christus. Gerade durch sein Leben, sein Sterben und sein Auferstehen wissen wir, dass Gott Menschen nicht bei ihrer Schuld und Verlorenheit behaftet, sondern uns immer wieder die Möglichkeit zu einem Neuanfang schenkt.

2. Zu dem guten Weg, auf dem er uns führt, gehört auch ein erfülltes Leben. Das zu genießen, was man erntet. Wir leben zwar nicht unter politischer Fremdherrschaft wie die Israeliten zur Zeit des Propheten. In unserer Zeit ist in anderer Weise die Beziehung zwischen Arbeit und Genießen unterbrochen. Manche finden gar keine Arbeit mehr, die ihren Fähigkeiten entspricht, und leben dauerhaft am Existenzminimum. Andere Arbeiten sind so mechanisch und abstrakt, dass man sie schwer mit dem Lebensunterhalt zusammenbringen kann, den sie einem am Ende ermöglichen. Und wir alle haben uns sehr weit von der Herkunft unserer Nahrungsmittel entfernt, so dass wir die Achtung vor ihnen verloren haben und sie gar nicht mehr richtig zu schätzen und zu genießen wissen.

Den Worten des Propheten entnehme ich die Ermutigung, dass das nicht so bleiben muss. Die Ermutigung, wieder eine Beziehung zu den Früchten des Feldes herzustellen, um sie genießen zu lernen. Der wachsende Trend in unserem Land, Lebensmittel aus biologischem Anbau zu kaufen, geht in diese Richtung. Er entspringt wohl der Einsicht, dass es zu einem wirklichen Genuss von Lebensmitteln auch gehört, zu wissen, wo sie herkommen und dass sie unter akzeptablen Bedingungen produziert worden sind.

3. Der Genuss von den Früchten des Feldes und des Weinbergs wird uns als Christen noch an anderer Stelle ermöglicht, nämlich beim Abendmahl. So wichtig es für uns Menschen ist, dass wir vom Ertrag unserer Arbeit leben können, dass wir in den Genuss der Früchte kommen, die wir gesät und geerntet haben – das Abendmahl zeigt uns auch: Wir leben als Menschen von mehr als nur von dem, was wir uns erarbeiten. Wir leben von den guten Gaben Gottes, von der Zuwendung, Vergebung und Liebe, die Jesus Christus uns auf seinem Weg erworben hat und die wir beim Abendmahl zu schmecken und zu sehen bekommen. Wir sind mehr als das Produkt unserer Leistung. Wir sind Gottes geliebte Kinder. Im Abendmahl wird erneuert, was wir in der Taufe sozusagen als Starterpaket mit auf den Weg bekommen.

All diese guten Gaben Gottes, von denen Juden und im Anschluss an sie auch wir Christen leben, klingen in unserem Predigttext an. Es ist ein reiches Erbe, das die jüdische Glaubensgemeinde mit uns teilt. Ein Erbe, an das letzten Endes auch der muslimische Glaube anknüpft.

Gott aber lässt uns diese Gaben nicht zukommen, damit wir uns gegenseitig darum streiten und damit bekämpfen. Genauso wenig, wie es die Absicht des Vaters in der Ringparabel war, dass seine Söhne sich vor Gericht um das Erbe streiten sollten, indem er ihnen drei gleichartige Ringe vermachte. Der weise Richter, den sie um einen Ausweg aus ihrer Zwangslage und Zwickmühle bitten, verweist sie stattdessen darauf, dass man dem Ring, der da von Generation zu Generation weitervererbt worden ist, eine besondere Eigenschaft nachsagt: Er soll die Eigenschaft haben, seinen Besitzer bei Gott und Menschen beliebt und angenehm zu machen. So fordert er sie zu einer Art Wettkampf auf. Jeder von den drei Söhnen soll sich um besondere Verträglichkeit, Barmherzigkeit, Toleranz bemühen. So würde sich schon, wenn auch vielleicht erst nach langer Zeit, erweisen, welcher Ring der echte sei.

Liebe Gemeinde, wir haben weder die Aufgabe noch die Fähigkeit, den Ausweg aus den politischen Teufelskreisen unserer Zeit zu finden. Unsere Aufgabe dagegen ist es, die Wirkkraft unseres Ringes, der guten Gaben, die wir von Gott empfangen haben, zu erweisen. Etwa indem wir für Frieden, Gerechtigkeit und Bewahrung der Schöpfung eintreten. Indem wir uns um Toleranz anstelle von Rechthaberei bemühen. Indem wir Stolpersteine wie Hass und Vorurteile aus dem Weg räumen. Indem wir Brücken zu anderen Menschen bauen.

Das ist das, was beim Propheten das Wächteramt genannt wird. Wächter sind wir zunächst für die Menschen in unserem persönlichen Umfeld. Wächter sind wir dann aber auch im Rahmen unseres Volkes. Wenn ich sehe, wie sich Menschen verachtende Weltanschauungen auch in unserem Land immer wieder breitmachen, dann denke ich: Gerade wir brauchen Wächter. Menschen, die vom Hass geprägte und verächtliche Worte und Taten entlarven. Menschen, die für Frieden und Toleranz eintreten. Die andere daran erinnern, dass wir uns vor Gott zu verantworten haben, und die Gott im Gebet an seine Verheißungen erinnern, an seine Verheißungen für sein Volk Israel und alle Völker. Nur wenn in allen Völkern Menschen ein solches Wächteramt übernehmen, werden wir mit Gottes Hilfe den Teufelskreisen dieser Zeit entrinnen.

Wir haben mit unserem Glauben, aber auch in materieller Hinsicht viele gute Gaben von Gott mit auf den Weg bekommen. Ein Erbe, kostbarer als jeder Ring. Lassen Sie uns mit unserem Handeln die besondere Wirkkraft unseres Erbes unter Beweis stellen. Amen.

Predigt über Matthäus 21, 28-32 vom 4.9.2011 (11. Sonntag nach Trinitatis)

Liebe Gemeinde!

Für viele Männer, ist der Sonntag schon längst nicht mehr der heilige Tag der Woche, sondern der Samstag. Denn am Samstag – da finden die meisten Spiele der Fußballbundesliga statt. Und wer nicht selber hinfährt, um sich ein Spiel anzusehen, der verfolgt doch zumindest die Reportagen im Radio oder die Berichte im Fernsehen.

Ich stelle mir ein Spiel vor, bei dem eine Mannschaft, die zurzeit auf einem der oberen Tabellenplätze steht, gegen einen krassen Außenseiter spielt. Die Favoriten zeigen ein hervorragendes Spiel, sie arbeiten sich viele Torchancen heraus, aber sie schießen bei jedem dieser Angriffe knapp am Tor vorbei. Die Gegner mühen sich mehr schlecht als recht, dieser Offensive standzuhalten. Ihnen beim Spielen zuzuschauen, macht nicht immer Spaß. Im ganzen Spiel haben sie nur eine Torchance, aber es gelingt ihnen, genau diese zu verwandeln. So gehen sie am Ende als die Sieger aus diesem Spiel heraus. Viele Zuschauende mögen stöhnen und dies als ungerecht empfinden. Aber eine Reihe von ihnen freut sich auch. Die einen über den unerwarteten Sieg. Die anderen darüber, dass sich beim Sport eben nicht alles vorhersagen lässt, sondern immer wieder Überraschungen möglich sind.

Darum, Chancen zu nutzen, geht es auch heute im Predigttext, allerdings nicht auf spielerischer Ebene. Jesus erzählt, wie so oft, eine Geschichte aus dem Leben. Ein Vater, ein Weinbergbesitzer, hat zwei Söhne. Und er hat für sie einen Auftrag in seinem Weinberg, der erledigt werden muss. Beim ersten Sohn erntet er damit keine Begeisterung. Er lehnt es einfach ab, den Auftrag auszuführen. Er sagt: Nein, ich will nicht. Dann aber tut es ihm leid, und er macht sich doch an die Arbeit.

Der zweite Sohn fügt sich zunächst in den Willen des Vaters. Vielleicht hat er von vornherein die Absicht, trotz seiner Zusage eigene Wege zu gehen. Vielleicht bereut er es einfach nach kurzer Zeit, die Zusage gegeben zu haben, und er nimmt sich etwas Anderes für seinen Tag vor.

Wir wissen es nicht. Auf jeden Fall tut auch er das Gegenteil von dem, was er gesagt hat: Er führt den Auftrag des Vaters nicht aus.

Jesus stellt seinen Zuhörern am Ende der Geschichte eine Frage, die sich fast von selber beantwortet: Welcher der Söhne hat den Willen des Vaters erfüllt? Am Ende der Geschichte zählt nicht, was die Söhne gesagt haben und welchen Anschein sie sich gegeben haben. Am Ende der Geschichte zählt nur, was sie getan haben, nämlich, ob sie den Willen des Vaters erfüllt haben.

Diese Geschichte ist nicht die einzige Geschichte über einen Vater mit zwei Söhnen, die Jesus erzählt. Viel bekannter ist sicherlich die Geschichte vom verlorenen Sohn, der ja auch nur einer von zwei Söhnen, einer von zwei Brüdern ist (Lk. 15, 11ff). Für uns vielleicht so etwas wie die Urgeschichte des Evangeliums. Gott wird hier mit einem liebevollen Vater verglichen, der auf uns wartet, auch wenn wir eigene Wege gehen, und uns am Ende immer wieder mit offenen Armen empfängt. Der uns immer wieder eine neue Chance gibt.

Unsere Geschichte ist bei weitem nicht so bekannt wie das Gleichnis vom verlorenen Sohn. Sie klingt auch wesentlich strenger. Deshalb ist es gut, sie vor dem Hintergrund jener anderen Geschichte zu hören. Dann wird uns nämlich deutlich: Gott schickt seine Söhne und Töchter nicht in den Weinberg, um sie auszunutzen und ihnen das Leben schwer zu machen. Gott meint es gut mit uns. Er gibt uns Aufgaben und Richtlinien für unser Leben, damit wir ein erfülltes Leben haben. Damit wir unseren Platz im Leben finden. Er gibt uns die Chance, im Einklang mit seinem Willen zu leben, weil es das ist, was uns am besten bekommt.

Gott gibt uns Chancen, seinen Willen zu hören und zu tun, damit unser Leben erfüllt ist und gelingt. In Jesus Christus ist sein Wille für uns sichtbar und hörbar geworden. Die Menschen, die ihn damals hörten, nutzten nun die Chance, die Gott ihnen damit eröffnete, auf unterschiedliche Weise. Wobei von außen nicht unbedingt zu erkennen war, wer zu denen gehörte, die diese Chancen nutzten.

Von außen gesehen, war das Leben der Pharisäer ein einziges Ja zu Gottes Willen. Sie brachten ihr halbes Leben damit zu, Gottes Gebote zu studieren und darüber nachzudenken, wie man sie am besten erfüllen kann. In ihren Augen war Sünde so etwas wie eine ansteckende Krankheit. Deshalb bemühten sie sich nicht nur, selber nichts Unrechtes zu tun. Nein, sie mieden auch andere Menschen, bei denen offensichtlich war, dass sie sich nicht um Gottes Willen kümmerten. Jesus beschreibt sie selber einmal als Menschen, die gute Werke tun, damit sie von anderen gesehen werden.

Heute würden wir sagen, sie pflegten ihr Image. Genau wie viele Menschen es heute auch tun. Wobei dann allerdings andere Werte für die Imagepflege zählen als bei den Pharisäern, weniger das Verrichten von guten Werken. Die Werte wechseln, je nachdem, in welchen Kreisen man sich bewegt. Bei Politikern hebt ein Doktortitel das Bild, egal ob erworben oder gekauft. Für junge Leute gehört vielleicht das Tragen von Markenartikeln, das Verwenden einer besonderen Sprache, das Coolsein dazu, ein bestimmtes Bild abzugeben. Auch für die ältere Generation ist es wichtig, sich in einem bestimmten vorgegebenen Rahmen zu bewegen. In meiner früheren Gemeinde besuchte ich regelmäßig einen alten Mann zum Geburtstag, der dann ebenso regelmäßig die Leute beschimpfte, die gegenüber von ihm wohnten. „Sie haben die Fenster zuletzt geputzt, als Honecker hier in Deutschland war" - in diesem Satz gipfelte meist seine Schimpftirade. Frisch geputzte Fenster – sie gehörten für ihn zum Bild eines anständigen Menschen. Eine bestimmte äußere Erscheinung abzugeben, das ist wohl für Menschen aller Zeiten wichtig, damals für die Pharisäer genauso wie für uns heute.

Die Pharisäer versuchen, dem zu entsprechen, was für sie das Bild eines gottgefälligen Menschen ausmacht – aber einige von ihnen treffen dabei haarscharf an Gottes Willen vorbei. Sie legen Wert auf Äußerlichkeiten und vergessen, dass es darauf ankommt, Gottes Willen mit dem Herzen zu erfüllen. Sie meiden die Sünder, statt ihnen zu helfen, einen besseren Weg einzuschlagen. Eine ähnliche Haltung lässt sich übrigens auch bei anderen in Jesu Umgebung finden, die keine Pharisäer sind. Ich denke etwa an den reichen jungen Mann, den Jesus trifft (Lk. 18,18), und der von sich behaupten kann: Ich halte die Gebote Gottes. Aber als Jesus ihm vorschlägt, seinen Reichtum mit den Armen zu teilen, kapituliert er. Denn sein Herz hängt an seinem Besitz. Er erfüllt

Gottes Gebote auf vielerlei Weise und trifft dennoch haarscharf an Gottes Willen vorbei – wie der zweite Sohn in unserer Geschichte den Willen des Vaters verfehlt.

Ihm gegenüber steht nun der andere Sohn, der zwar zunächst zum Willen seines Vaters Nein sagt, es dann aber bereut und den Auftrag des Vaters ausführt. Neinsager – ich glaube, sie sind in der Gemeinde Jesu Christi nicht so zahlreich vertreten. Ich zumindest gehöre lieber zu den Leuten, die nicht auffallen und nicht opponieren.

Die Zöllner und Huren, für die der erste Sohn in unserem Gleichnis steht, waren auf ihre Art mutiger. Es kümmerte sie nicht, was die Leute von ihnen dachten, ob sie zu den anständigen Menschen gezählt wurden oder nicht. Sie taten einfach, wovon sie sich einen Vorteil für sich versprachen. Doch nicht dieser Mut, wenn man ihn so nennen will, sondern ihre Unbekümmertheit ist das, was Jesus an ihnen rühmt. Ihre Flexibilität. Ihre Fähigkeit, eine Chance zu erkennen und sie zu nutzen. Schon Johannes der Täufer hat den Menschen in seiner Umgebung Gottes Willen verkündigt. Das ist ihre erste Chance. Und einige Zöllner und Huren lassen sich tatsächlich von ihm und seiner Predigt zu einer Änderung ihres Lebens bewegen. Ähnliches geschieht, als Jesus den Menschen Gottes Willen auf noch eindringlichere Weise nahelegt und sogar vorlebt. Auch diesmal sind es eher die Außenseiter, die die Chance einer Umkehr nutzen.

Ja, es sind diejenigen in Jesu Umgebung, die sozusagen ein Abo auf die Erfüllung von Gottes Willen haben, die nicht erkennen, dass ihnen in Jesus dieser Wille sozusagen persönlich begegnet. Während die, denen man so viel Tiefgang gar nicht zugetraut hätte, Jesus beim Wort nehmen.

Du hast keine Chance, nutze sie – diesen Spruch hört man heutzutage ab und zu. Wir wissen nicht, welches Schicksal die Zöllner und Huren, von denen Jesus spricht, hinter sich haben. Vielleicht hatten sie bis dahin tatsächlich nie eine Chance, Gottes Willen zu hören und ihr Leben danach auszurichten. Im Gegensatz zu den Pharisäern, denen das Wort Gottes womöglich schon mit der Muttermilch eingeflößt worden ist. Dann aber haben beide Gruppen die Chance, zunächst durch Johannes den

Täufer und dann durch Jesus selber, Gottes Willen zu hören und zu sehen. Aber nicht alle nutzen diese Chance in gleicher Weise. Den Außenseitern scheint dies besser zu gelingen als den Favoriten. Wohl deshalb, weil sie erkennen, dass sie auf Gottes Hilfe und Umkehr angewiesen sind.

Aber wer sagt denn, dass Umkehr nur für große Sünder möglich ist? Nein, sie ist für alle möglich! So lautet die frohe Botschaft Jesu Christi, die frohe Botschaft unseres Gleichnisses. Gott wartet auf uns, wie der Vater im Gleichnis vom verlorenen Sohn, dass wir zu ihm umkehren. Gott wartet darauf, wie der Vater in unserem Gleichnis, dass wir endlich unsere Bemühungen um Äußerlichkeiten aufgeben und seinen Willen tun. Er gibt uns eine Chance zur Umkehr und wir können sie nutzen, wenn wir denn erkennen, dass auch wir eine Umkehr nötig haben.

„Im Himmel wird Freude sein über einen Sünder, der Buße tut, mehr als über 99 Gerechte, die der Buße nicht bedürfen", sagt Jesus am Ende des Gleichnisses vom verlorenen Schaf (Lk. 15,7).Gott gibt uns die Chance, Buße zu tun, immer und immer wieder, jeden Tag neu. Wir feiern zwar hier sonntags unseren Gottesdienst, aber im Grunde soll unser ganzes Leben ein Gottesdienst sein, eine Zeit der Umkehr, voller Barmherzigkeit und Hingabe an Gottes Willen. In diesem Sinne kann jeder Tag in der Woche – sei es nun Samstag, Sonntag oder irgendein anderer Tag – ein heiliger Tag sein. Amen.

Predigt über Apostelgeschichte 3, 1-9 vom 26.8.2012 (12. Sonntag nach Trinitatis)

Liebe Gemeinde!

In der Klinik, an der ich als Seelsorgerin tätig bin, spielen wie in jedem modernen Krankenhaus Apparate eine große Rolle. In jeder Abteilung werden viele chirurgische Eingriffe durchgeführt, die ohne den Einsatz von Technik nicht möglich sind. Selbst in der Geburtshilfeabteilung gehören Operationen zum Alltag: solche, die einer werdenden Mutter helfen, ihr Kind zu behalten ebenso wie Kaiserschnitte. Sich einer Operation zu unterziehen, kostet Mut, bedeutet es doch, die Verantwortung für sich selber aus der Hand zu geben, sich den Operateuren und den technischen Geräten anzuvertrauen. Vor einem Eingriff sind die Patienten immer besonders aufgeregt und brauchen Zuspruch. Andererseits ist der Einsatz modernster technischer Geräte von den Kranken gewollt und gefragt. Eine Klinik, die da nicht auf dem neuesten Stand ist, ist nicht konkurrenzfähig.

Im ersten Jahrhundert war man im Bereich von Medizin und Krankenbehandlung nicht so weit fortgeschritten. Mit mancher Einschränkung, die man sich durch eine Krankheit zuzog, musste man einfach leben, und wer als Kind mit einer Behinderung zur Welt kam, litt oft ein Leben lang unter den Folgen. So geht es auch dem Mann, der im Mittelpunkt unseres heutigen Predigttextes steht.

Seit seiner Geburt ist er nicht in der Lage, seine Beine zu benutzen. Große chirurgische Eingriffe sind mangels geeigneter Technik nicht möglich. So muss er mit seinen eingeschränkten Möglichkeiten leben. Als Kind sitzt er zuhause, wenn die anderen draußen Fangen oder Verstecken spielen. Ein Handwerk kann er nicht erlernen oder ausüben.

Er ist darauf angewiesen, das, was er zum Leben braucht, an der Tür des Tempels täglich zusammen zu betteln. Er hat wenigstens noch insofern Glück, dass er Helfer findet, die ihn täglich dorthin und abends wieder nachhause tragen. Es mag auch relativ einträglich sein, Menschen um eine Spende zu bitten, die zum Gebet oder Gottesdienst kommen oder gehen. Sie sind dann mildtätiger eingestellt, als in der

Hektik des Alltags. Aber im Grunde ist es eine erniedrigende Art, so für seinen Lebensunterhalt sorgen zu müssen. Man merkt es in unserer Erzählung daran, dass der gelähmte Mann Petrus und Johannes nicht einmal anschaut, als er sie um eine Spende angeht. Denn sie fordern ihn auf, sie anzusehen. Anscheinend hält er ihnen nur die geöffnete Hand hin.

Betteln ist peinlich. Es fällt einem vermutlich leichter, eine Gabe zu erbitten, wenn man den anderen nicht anschauen muss. Und oft, so glaube ich, fällt es einem auch leichter, etwas zu geben, wenn man den Bittsteller nicht anschaut. So ist man seinem Elend nicht ausgesetzt. So wird man nicht daran erinnert, dass es nur eines Zufalls, eines kleinen Moments der Unachtsamkeit bedarf, um aus einem jeden von uns einen behinderten Menschen zu machen. Man wird nicht an die Schwachstellen erinnert, die man vielleicht schon hat, etwa im seelischen Bereich. Man meint, den Bittsteller nicht zu beschämen, in dem man ihn einfach nicht ansieht, und versucht doch nur, der eigenen Scham auszuweichen. So aber wird aus einer Geste menschlicher Zuwendung eine mechanische Bewegung. **Ein** gelähmter Mann ist Hauptperson unserer Geschichte, aber in der Vorgeschichte vermute ich viele gelähmte Menschen: Menschen, gelähmt im Bereich ihrer Menschlichkeit, die sich nicht trauen, sich vom Leid anderer berühren zu lassen.

Dann aber hat unser Gelähmter das Glück, zwei besonderen Menschen zu begegnen, Petrus und Johannes. Sie sind keine Menschen ohne Schwachstellen. Das wissen wir aus mancher Erzählung in den Evangelien. Aber es sind Menschen, die zur Gemeinschaft der Getauften gehören, die getauft sind auf den Namen des Vaters und des Sohnes und des Heiligen Geistes. Sie haben durch ihre Taufe erlebt, dass Jesus sie mit ihren Schwachstellen angenommen hat. Sie feiern außerdem regelmäßig mit der ersten Gemeinde in Jerusalem das Heilige Abendmahl. Getauft zu sein und das Abendmahl zu empfangen bedeutet: sich in einen Bereich zu begeben, wo Jesu verändernde Macht wirksam ist. Paulus etwa wird später kritisieren, dass die Korinther am Abendmahl teilnehmen und sich trotzdem rücksichtslos verhalten. Theologisch betrachtet, ist das ein Unding. Getauft zu sein und am Abendmahl teilzunehmen, bedeutet, Jesus als Herrn anzuerkennen und sich seinem Willen zu unterstellen. Aber auch zu wissen: Ich muss nicht perfekt sein. Ich bin von Gott angenommen mit meinen Stärken und Schwächen, mit meinen Fähigkeiten und Behinderungen.

Die Getauften haben in Jerusalem gerade die erste Gemeinde gebildet. Diese hat noch keine Reichtümer anhäufen können. Sie übt eine besondere Anziehung auf Außenseiter und Arme aus, die wenig an materiellen Besitztümern in die Gemeinde einbringen können. Was Petrus sagt, beschreibt ihre Realität: Silber und Gold hat diese Gemeinde nicht. Aber sie verfügt über einen anderen Schatz: über das Wissen, von Gott geliebt zu sein. Den Herrn aller Herren zu kennen, macht ihre Stärke aus.

Silber und Gold habe ich nicht. So stöhnen auch die christlichen Gemeinden in unserem Land seit vielen Jahren. Wahr ist: Es hat einmal finanziell bessere Zeiten für die christlichen Gemeinden gegeben: Die siebziger Jahre und den Beginn der achtziger Jahre etwa. Da waren die Steuereinnahmen hoch, und im Grunde wusste die Kirche oft nicht, wohin mit ihrem Geld. Man war in der Lage, Gebäude zu errichten, Mitarbeiter einzustellen, Arbeitszweige aufzubauen. Seit etwa 25 Jahren, also ungefähr solange ich im Dienst bin, geht die Entwicklung in die andere Richtung. Die Einnahmen sinken, und so müssen viele Gemeinden Gebäude verkaufen, Mitarbeiter entlassen und Arbeitsgebiete aufgeben.

Unser Schicksal als Kirche ist damit kein bedauerliches Einzelschicksal, sondern wir haben Anteil an den Entwicklungen in vielen Bereichen, etwa auch im Gesundheitswesen. Es mag immer einige geben, die ihr Schäfchen ins Trockene bringen. Denen es gelingt, Silber und Gold anzuhäufen.

Aber für viele Krankenhäuser und Arztpraxen gilt tatsächlich: Silber und Gold habe ich nicht. Vielleicht kann die Krise ja auch eine Chance sein. Vielleicht haben wir zu lange auf die Macht von Silber und Gold vertraut, auch in der Kirche. Statt uns der Macht Jesu Christi zu unterstellen und ihm auf seinem Weg nachzufolgen, seinen Weg der Nächstenliebe und Hingabe. So wie Petrus und Johannes es tun.

Denn sie stellen zunächst nüchtern fest: Silber und Gold habe ich nicht. Dann aber besinnen sie sich auf das, was sie haben und sind: darauf, dass sie den Namen Jesu Christi kennen. Darauf, dass Jesus Menschen, die zu ihm kamen, nie mit mechanischen Gesten abgespeist hat. Stattdessen hat er sie angesehen und wahrgenommen. Er hat sich ihnen zugewendet und sie berührt. So hat er ihnen neue Kraft verliehen. So hat er sie gesund gemacht. Petrus und Johannes tun es ihm gleich.

Zunächst sehen sie den Behinderten an, mit all seinem Elend. Sie haben keine Berührungsängste. Denn sie wissen: Auch wir sind mit all unserem Elend von Gott angenommen. Sie fordern den Mann auf, ihren Blick zu erwidern, Kontakt und Begegnung zu wagen. Sie sprechen den Namen Jesu über ihm aus und ergreifen ihn bei der Hand. Das ist es, was ihm hilft. Das ist es, was ihn gesund macht.

Ich finde diese Geschichte sehr ermutigend. Wir brauchen nicht dauernd auf das zu sehen, was uns fehlt. Wir brauchen nicht dauernd zu stöhnen: Silber und Gold habe ich nicht. Stattdessen dürfen wir uns auf das besinnen und weitergeben, was wir haben und sind. Wir dürfen auf die Macht Jesu Christi und die Kraft der Menschlichkeit setzen. Und das in einer Zeit, in der Silber und Gold ungeheuer hoch eingeschätzt werden. Silber und Gold und das, was wir mit ihnen erwerben können: Apparate. Technik. In einer Zeit, in der die mechanische Geste die menschliche Begegnung an vielen Orten verdrängt hat.

Nicht immer werden Blinde sehen und Lahme gehen, wenn wir ihnen herzlich und menschlich begegnen. Aber wir haben auch keinen Grund, kleingläubig zu sein: Ein gutes Wort, ein liebevoller Blick, eine hilfreiche Hand sind nicht vergeblich. Im Gegenteil: Wo Menschlichkeit und Technik zusammenwirken, können wir viel für andere Menschen erreichen.

Ich habe davon erzählt, dass ich im Krankenhaus oft Menschen zur Seite stehe, die aufgeregt auf ihre Operation warten. Letztens besuchte ich eine Patientin, bei der ich ebenfalls erkennen konnte, dass ihr eine Operation bevorstand: allerdings nur an dem berühmten Hemd, das schon für sie bereit lag. Von ihrer Ausstrahlung her aber wirkte sie wie ein Mensch, der kurz davor steht, als geheilt entlassen zu werden.

Sie erzählte mir: „Ich leide seit Monaten an starken Gleichgewichtsstörungen. Aber ich habe einen sehr guten Arzt, der mich direkt hierher geschickt hat, und auch hier im Haus bin ich bis jetzt sehr gut behandelt worden. Der Chirurg hat sogar meinen Operationstermin vorgezogen, ohne dass ich darum gebeten habe. Er war der Meinung: Ihnen geht es so schlecht, dass wir eine Operation nicht mehr aufschieben können. Ein Kollege von mir hatte ein ähnliches gesundheitliches Problem, und ihm hat sein Arzt nach der Behandlung nur gesagt: ‚Damit müssen sie von jetzt an leben.' Ich weiß zwar nicht, wie meine Operation ausgehen wird. Aber ich bin dankbar dafür, dass ich von Anfang an mit meinem Problem ernst genommen worden bin."

Ich bin davon überzeugt, dass diese Patientin gute Aussichten auf Besserung hat. Ihr Optimismus wird sich positiv auf den Heilungsprozess auswirken. Manchmal gelingt es Ärzten und Pflegepersonal, Patienten auch in menschlicher Hinsicht so zu stärken, dass es zur Heilung beiträgt.

Hier liegt unsere besondere Stärke als Gemeinde Jesu Christi: Menschen zu ermutigen. Ihnen freundlich zu begegnen. Sie mit dem Namen und der Kraft Jesu Christi bekannt zu machen. Ihre Schwächen anzunehmen. Die Technik als verlängerter Arm von Silber und Gold wird auch weiterhin in unserer Welt eine große Rolle spielen. Da aber, wo sie mit der menschenfördernden Kraft Jesu Christi zusammentrifft, können Menschen äußerlich und innerlich heil werden. Da verlieren Krankheiten, aber auch die Faszination durch Silber und Gold ihre lähmende Kraft. Amen.

Predigt vom 26.8.2007 über Matthäus 6, 1-4 (13. Sonntag nach Trinitatis)

Liebe Gemeinde!

Wenn Gewerkschaften und Arbeitgeberverbände in einem Tarifstreit ein für beide Seiten akzeptables Ergebnis erzielt haben, löst das große Erleichterung in der Bevölkerung aus. Oft ist damit das Ende eines Arbeitskampfes, eines tagelangen Streiks, verbunden. Aber die Forderung nach mehr Lohn für einen verantwortungsvollen und nicht ausreichend bezahlten Dienst – das können viele von uns nachvollziehen.

Auch in anderer Weise bestimmt das Thema „Lohn" immer wieder die öffentliche Diskussion – nämlich in Form von Bemühungen, für einige Berufsbranchen einen gesetzlichen Mindestlohn einzuführen. Einerseits erscheint es verabscheuungswürdig, wenn Arbeitgeber die Not von Arbeitsuchenden ausnutzen, indem sie ihnen Arbeit zu jämmerlicher Bezahlung anbieten. Die Gegner eines Mindestlohns dagegen befürchten, dass bei seiner Einführung Arbeitsplätze verloren gehen, weil sich Arbeitgeber die erhöhten Lohnzahlungen nicht leisten können oder wollen.

Lohn – wir sind daran gewöhnt, dass dieses Thema regelmäßig in den Medien verhandelt wird. Aber im Predigttext am Sonntagmorgen? Ist das Thema „Lohn" ein Thema für die Kirche? Viele mögen sagen: Lass mich wenigstens am Sonntag mit solch weltlichen Themen in Frieden, über die ich täglich etwas in der Zeitung lese.

Ja, lange Zeit ist das Thema „Lohn" in der Kirche nicht besprochen worden. Die Zeiten, in denen die Pfarrer für ihren Dienst noch mit Naturalien entlohnt wurden und froh sein konnten, wenn sie ihre Familie satt bekamen, liegen zwar zum Glück schon lange zurück. Aber in wie vielen Gemeinden wird bis selbstverständlich erwartet, dass bei der Kirche Beschäftigte rund um die Uhr verfügbar sind – ganz egal, wie viel Arbeit sie an einem Tag oder in einem Monat schon für ihren Lohn geleistet haben. Fragloser Einsatz über jede normale Arbeitszeit hinaus wird als selbstverständlich angesehen – ebenso wie der Einsatz der vielen Ehrenamtlichen in unseren Kirchengemeinden, die dort oft mehr

Stunden in der Woche verbringen als ein Werktätiger an seinem Arbeitsplatz.

In der Gemeinde Gottes hat man für „Gottes Lohn“ zu arbeiten – dieses Vorurteil ist weit verbreitet. Unterschwellig ist der Wunsch nach Belohnung oder Anerkennung für besondere Dienste trotzdem vorhanden. So schleicht sich denn so etwas wie eine andere „Währung“ ein, in der dieser Lohn eingefordert wird. Das war anscheinend in den Gemeinden zur Zeit Jesu ganz ähnlich – unser heutiger Predigttext lässt darauf schließen. Er benennt uns die Währung, in der manche gläubige Menschen ihren Lohn für frommen Einsatz bis heute einfordern: nämlich in Form von Ehre und Anerkennung.

Jesus karikiert mit seinen Worten, was er in den Gemeinden seiner Zeit erlebt, wenn er davon spricht, dass manche am liebsten mit Posaunenfanfaren auf ihre Spenden hinweisen würden. Aber ich erlebe an manchem Gläubigen von heute, ja, an mir selber, ein vergleichbares Verhalten, wenn auch vielleicht nicht in Bezug auf das, was ich finanziell, sondern eher in Bezug auf das, was ich kräftemäßig investiere. Sicher bin ich gerne bereit, mich in der Gemeinde Jesu Christi zu engagieren, hier und da auch über das normale Maß hinaus. Ich verlange dafür kein Überstundengeld und keine Nachtzuschläge. Aber es tut mir doch gut, dabei gesehen und gehört zu werden. Das Bedürfnis danach ist wohl ziemlich menschlich.

Menschlich, aber auch gefährlich. Weil der Wunsch nach Lohn als Motivation für besonderen Einsatz nicht ausreicht. Alle vier Jahre stehe ich vor der Aufgabe, Menschen zu suchen, die bereit sind, für unser Leitungsgremium, das Presbyterium, zu kandidieren. Wer ist geeignet, die Gemeinde in Gemeinschaft mit anderen zu leiten, frage ich mich dann jedes Mal. Leichter finde ich es zu sagen, wen ich für ungeeignet halte: Menschen, die sich von diesem Posten viel Ruhm erhoffen. Die dieses Amt vor allem deshalb anstreben, weil man dadurch in der Gemeinde gehört und gesehen wird. Gehört und gesehen zu werden – das ist die Währung, in der manche den Lohn für ihren Einsatz in der Gemeinde bemessen. Leider habe ich öfter miterlebt, dass gerade die, die so denken, früher oder später ihren Posten hinwerfen und sich von der Gemeinde abwenden, weil sie innerlich ausgebrannt sind. Weil sie eben nicht die erwartete Anerkennung bekommen haben.

Seltsamerweise ist das, was für uns als Einzelne in der Gemeinde fragwürdig ist, für uns als Gesamtheit von großer Bedeutung: gehört und gesehen zu werden. Viel zu lange haben Kirchengemeinden nach der Aufforderung Jesu gelebt, die er in unserem Predigttext in seelsorglicher Weise an Einzelne ausrichtet: Tue Gutes im Verborgenen. Heute sind wir enttäuscht darüber, dass die Kirche so geringen gesellschaftlichen Einfluss hat. In einer lauten, kunterbunten Werbewelt lernen wir als Kirche erst langsam, wie wichtig es sein kann, bei seinen Wohltaten gesehen und gehört zu werden: „Tue Gutes und rede darüber." Manchmal finde ich es aber auch belastend und ermüdend, bei einem Projekt fast mehr Kraft für die Öffentlichkeitsarbeit einzusetzen als für dessen qualitativ gute Gestaltung.

Jesus nimmt in den Worten unseres heutigen Predigttextes unser menschliches Bedürfnis nach Lohn ernst – und ermutigt uns dennoch, mit unserem Verhalten andere Akzente zu setzen, als viele das tun.

Jesus nimmt das Wort „Lohn" ganz unbefangen in den Mund – eine Tatsache, die mich persönlich verwundert. Denn ich erlebe dieses Wort in der Kirche, wie gesagt, eher als Unwort. Jesus dagegen zeigt uns Gott als jemanden, der unser Bedürfnis nach Lohn kennt. Gott beantwortet unser Bedürfnis danach, gesehen und gehört zu werden, mit seinem liebevollen Blick. Er hat den Blick auf uns gerichtet, lange bevor wir das selbst tun konnten. „Deine Augen sahen mich, als ich noch nicht bereitet war", bezeugt der Beter von Psalm 139. Gottes Blick ist von Anfang unseres Lebens an auf uns gerichtet – noch lange bevor wir irgendetwas leisten konnten.

Sein Blick geht in die Tiefe. Er sieht das Verborgene, sagt Jesus. Was mag er dabei entdecken? Gut gemeinte Wohltaten sicher ebenso wie erkannte und unerkannte Schuld. Gott freut sich, wo er uns auf dem richtigen Weg entdeckt, und bringt uns zurecht, wo wir uns in Sackgassen verirren. Weder das eine noch das andere kann ihn davon abhalten, uns zu lieben. Es gut mit uns zu meinen. Uns gnädig zugewandt zu sein. Seine Liebe und Güte ist der Vorschuss, von dem wir als Christen leben. Mit dem, was wir leisten, und dem, was wir schuldig bleiben.

Als Christen leben wir nicht wie Werktätige, die sich einen Monat abrackern, um am Ende ihren Lohn dafür zu erhalten. Wir haben eher eine „Beamtenmentalität“: Wir bekommen unsere „Versorgungsbezüge“ im Voraus, unseren Anteil an Gottes Zuwendung und Anerkennung. Aller Einsatz unsererseits erfolgt erst im Nachhinein. Er lebt von Gottes Liebe und Güte, ist unsere dankbare Antwort darauf. „Von der Dankbarkeit“ ist darum im Heidelberger Katechismus der Dritte Hauptteil überschrieben.[9] Der Teil, in dem es um unser Verhalten als Christen geht. Um unsere mehr oder minder „frommen Werke“

Keiner hat sich wohl besser als Jesus selber in Gottes liebevollem Blick aufgehoben gefühlt – und dennoch wagt er es, an dieser Stelle von Lohn zu reden. Denn er weiß, wie abhängig wir uns oft von der Anerkennung anderer machen. Und wie gut es uns tut, mit unserer mehr oder minder kärglichen Liste an Wohltaten gesehen und gehört zu werden. Gott sieht dich, sieht dein Bedürfnis nach Lohn und Anerkennung – das ist seine erste Antwort auf unsere Lohnforderungen. Eine Antwort, die in gewisser Weise schon unser Lohndenken hinter sich lässt. Und so macht er uns Mut, anders mit dem Thema „Lohn“ umzugehen, als wir das vielleicht bisher gewohnt sind.

Jesus ermutigt uns, auf die kommende Herrschaft Gottes zu vertrauen, in der Gott unseren Bedürfnissen besser gerecht werden wird, als wir das heute können, in der er uns von dem Bedürfnis nach zwanghafter Anerkennung befreien wird. Er bestärkt uns darin, schon heute aus dem Geist dieser Freiheit heraus zu leben. Für mich als Pfarrerin, als Dienerin der Kirche heißt das etwa, dass ich nicht zu einer Sklavin der Öffentlichkeitsarbeit werden muss. Sicher, im Normalfall liegt es in meinem eigenen Interesse, auf das, was in unserer Gemeinde geschieht, hinzuweisen – zumal es sich durchaus sehen lassen kann. Aber ich möchte mir doch hier und da die Freiheit nehmen, alle Sorgfalt in die inhaltliche Vorbereitung einer Veranstaltung zu legen – auch wenn es hinterher bei den zweien oder dreien bleibt, die sich im Namen Jesu versammeln. Eine gute Öffentlichkeitsarbeit ist sinnvoll und nützlich, aber nicht das alles bestimmende Gesetz meines Handelns. Denn Christus hat uns ja von der Herrschaft des Gesetzes befreit. Jesus führt mir im heutigen Predigttext auf verlockende Weise die Freiheit vor Augen, die darin besteht, Gutes im Verborgenen zu tun.

---

[9] Heidelberger Katechismus, zitiert nach dem Evangelischen Gesangbuch, Ausgabe für die Evangelische Kirche im Rheinland, von Westfalen und die Lippische Landeskirche, Gütersloh/Neukirchen/Bielefeld 1996, S. 1345

So lese ich es dort ausdrücklich. Die andere Konsequenz, die ich aus seinen Worten ziehen möchte, ist nicht ausdrücklich formuliert, erscheint mir aber als eine logische Folge: Gott nimmt unser Bedürfnis nach Lohn ernst. Er geht respektvoll und wertschätzend mit uns und unseren mehr oder minder großen „Wohltaten" um – sollten wir das in der Gemeinde untereinander nicht ebenso halten?

Natürlich können wir besonderen Einsatz in der Gemeinde nicht finanziell entlohnen – schon ein Blick auf unseren Haushaltsplan verbietet das. Da würde unser Kirchmeister zu Recht ganz schnell einschreiten. Aber die Ersatzwährung, die Jesus in unserem Predigttext erwähnt – der Wunsch, gesehen und gehört zu werden – die könnte unter uns noch besser in Umlauf kommen.

Auch das muss nicht auf besonders öffentlichkeitswirksame Weise geschehen – nicht durch Posaunenfanfaren, wie im Predigttext überzeichnet dargestellt. Auch ein Händedruck im Verborgenen, ein Wort des Dankes im persönlichen Gespräch kann einsatzfreudigen Mitarbeitenden das Gefühl vermitteln, mit ihrem Engagement gesehen zu werden – bevor sie frustriert das Handtuch werfen. Was solch anerkennenden und respektvollen Umgang miteinander angeht, können wir vermutlich alle noch dazu lernen – auch ich. Es gilt besonders für den Umgang mit Ehrenamtlichen, aber nicht nur. Auch einem Küster oder einer Verwaltungskraft tut es gut, ein anerkennendes Wort für ihre Dienste zu hören.

Ein an Gottes Güte ausgerichtetes Verhalten beginnt oft unauffällig und im Verborgenen. Aber es kann durchaus Kreise ziehen So haben viele Kirchengemeinden ganz im Kleinen damit begonnen, fair gehandelte Produkte anzubieten. Natürlich bekommen die Kunden vergleichbare Artikel beim Discounter viel billiger – aber nur deshalb, weil die großen Handelsorganisationen ihre Macht dazu missbrauchen, ständig die Einkaufspreise zu drücken und so die Erzeuger um einen fairen Ertrag für ihre Produkte zu bringen. Um einen Ertrag, von dem sie leben könnten. Wer Produkte aus fairem Handel kauft, kann davon ausgehen, dass die Erzeuger in fernen Ländern einen angemessenen Lohn für ihre Arbeit bekommen und nicht in die Armut abrutschen. Dieser Lohn ist sozusagen im Preis mit inbegriffen.

Almosen sind in Notsituationen Gold wert – auf Dauer aber ist es sinnvoller, wenn Menschen sich von ihrer Hände Arbeit ernähren können. Die Idee vom fairen Handel hat sich zum Glück in den letzten Jahren in den Köpfen von immer mehr Menschen festgesetzt. So werden fair gehandelte Produkte inzwischen auch bei Discountern angeboten. Der faire Handel verzeichnet stetig wachsende Einnahmen, die eben nicht irgendwelchen Konzernen, sondern einfachen, fleißigen Menschen in armen Ländern zu Gute kommen.

Jesus begegnet unserem Bedürfnis nach Lohn für den Einsatz im Dienst der Sache Gottes mit Verständnis. Er lässt uns Gottes Anerkennung und Güte schon spüren, ehe wir einen Finger gerührt haben. Lassen wir unser Leben vom Bergprediger auf dieses Fundament der Anerkennung Gottes setzen! So werden wir an Freiheit gewinnen: Freiheit von unserer Sucht danach, mit unseren Leistungen um jeden Preis gesehen zu werden, Freiheit dazu, anderen den Lohn und die Anerkennung zu gewähren, die ihnen zustehen! Amen.

3. Festzeiten und Feiertage

Predigt über Psalm 98,1, gehalten am 24.12.2007 (Heiligabend)

Liebe Gemeinde!

Wie haben Sie Ihren Weihnachtsbaum geschmückt? Zum diesjährigen Weihnachtsfest soll Pink als Farbe für die Kugeln groß in Mode sein. Im letzten Jahr wurde Orange bevorzugt. Größe und Art des Weihnachtsbaumes sind genau wie die Auswahl des Schmuckes bei vielen eine Art Weltanschauung. Manche richten sich in der Tat nach Modeströmungen und geben ihrem Baum jedes Jahr ein anderes Aussehen. Bei anderen sieht er seit vielen Jahren gleich aus. Aber selbst bei denen, die die Abwechslung lieben, hängt oft mitten in der hochaktuellen Dekoration eine Kugel, die schon bei den Eltern zuhause am Weihnachtsbaum gehangen hat, oder ein verknüpfter Strohstern, den Sohn oder Tochter die lange zurückliegenden Kindergartentagen gebastelt haben.

Diese seltsame Mischung aus Alt und Neu lässt sich auch bei anderen Weihnachtsbräuchen beobachten. Die Frauenzeitschriften haben sich in den letzten Wochen überboten mit neuen Rezepten für Weihnachtsplätzchen. Und dennoch möchten viele den vertrauten Geschmack von Lebkuchen, Spekulatius und Zimtsternen nicht missen. Weihnachtslieder aus allen möglichen Ländern bereichern im Zeitalter der Globalisierung unser Liedgut – die rechte Weihnachtsstimmung aber stellt sich oft erst beim Klang von „Stille Nacht“ oder „O du fröhliche“ ein. Bei der Gestaltung des Weihnachtsfestes lässt sich bei vielen eine eigentümliche Rückwärtsgewandtheit entdecken.

Dabei leben wir ja ansonsten in einer sehr schnelllebigen Zeit und sind nach vorne ausgerichtet. Denken wir nur an den Bereich der Technik. Der neue Computer, den ich erwerbe, ist in dem Moment, in dem ich ihn aus dem Geschäft trage, fast schon wieder veraltet. Auch die Übermittlung von Nachrichten ist durch den hohen Stand der Technisierung stark beschleunigt. Ich komme aus zeitlichen Gründen selten dazu, morgens in Ruhe die Zeitung zu lesen. Abends habe ich dann oft kein Interesse mehr daran, weil die Zeitungsmeldungen durch das, was ich im Laufe des Tages aus dem Internet oder Radio erfahren habe, schon überholt sind.

Nun ist das Interesse an Neuem keine Erscheinung unserer Zeit, sondern seit jeher tief in uns Menschen verwurzelt. Als zum Beispiel der Apostel Paulus nach Athen kommt, stößt er mit dem Evangelium auf erstaunlich offene Ohren. Denn, so heißt es, die Athener „hatten nichts anderes im Sinn, als etwas Neues zu sagen oder zu hören." (Apg. 17, 21) Die Sehnsucht nach Neuem ist eine urmenschliche Sehnsucht. In Zeiten der Hochtechnisierung jedoch wird die Sehnsucht manchmal zur Sucht.

„Das Neue ist das Bessere." Diese Einstellung überträgt sich allzu schnell auf unseren Umgang mit Menschen. So bleiben auf dem Arbeitsmarkt ältere Arbeitsuchende oft unberücksichtigt, weil junge als leistungsfähiger gelten. Und weniger kosten. In der Musik- und Filmbranche ist die Neigung, Stars von gestern durch neue auszutauschen, stärker ausgeprägt denn je. In der Anfangszeit meines Dienstes wusste ich noch in etwa, was bei meinen Konfirmanden musikalisch angesagt war. Inzwischen mache ich mir nicht einmal mehr die Mühe, mir irgendwelche Namen von Stars zu merken, die in ein paar Monaten ohnehin überholt sind.

Dabei liebe auch ich neue Dinge und neue Einsichten. Wenn ich mir ein neues Möbelstück kaufe oder Möbel umstelle, laufe ich anschließend zehnmal am Tag in das entsprechende Zimmer, um mich an dem neuen Anblick zu erfreuen. Allzu viel Neues jedoch ermüdet meine Anpassungsfähigkeit. Und ehrlich gesagt: Vieles von dem, was sich „neu" schimpft, finde ich gar nicht so neu. So mancher angeblich „neue" Hit klingt wie einer, der vor 20 Jahren schon mal modern war. Ganz zu schweigen von dem, was uns im politischen Bereich als neu verkauft wird. Neue Gesetzesentwürfe sind da oft nur alte Hüte, mit ein paar neuen Dekorationen versehen und in klangvolle Worte gehüllt. Ein Politiker, der das Wohl von Mensch und Umwelt an die erste Stelle setzt, ein Verwaltungsbeamter, der verständliches Deutsch redet, ein Arzt, dem es wichtiger ist, mit mir zu reden, als teure Apparate einzusetzen, ein Mensch, der in guten wie in schweren Zeiten zu mir steht und mich nicht nach meiner Fassade beurteilt – das wäre wirklich etwas Neues.

Nach solchen Neuheiten sehnen wir uns alle – und wenn wir von der Gegenwart enttäuscht werden, wenden wir uns der Vergangenheit zu. So erkläre ich mir die seltsame Sentimentalität, die viele zur Weihnachtszeit befällt. Aber genauso wenig, wie Neues deshalb gut ist, weil es neu ist, ist Altes schon deshalb gut, weil es alt ist. Genauso ermüdend wie die, die immer nur irgendwelchen Neuigkeiten nachjagen, finde ich diejenigen, die jede Neuentwicklung mit den Worten abwürgen: „Das war aber schon immer so!"

Dabei sind wir mit unserer Rückwärtsgewandtheit zu Weihnachten durchaus auf der richtigen Fährte. Und wir sind durchaus nicht die ersten, die sich in diese Richtung wenden. Maria, Josef und die Hirten sowie später die Jünger und die Evangelisten – sie alle hören das ungeheuer Neue an der Botschaft von Weihnachten heraus: „Euch ist heute der Heiland geboren." (Lk. 2, 11) Gott schickt seinen eigenen Sohn in diese Welt, um uns sein Heil zu bringen. Um sein Interesse, seine Liebe, seine Zugewandtheit zu zeigen. Dieser Sohn kommt nicht als starker Mann zu uns. Nicht als Macher, der die Enttäuschten und Belasteten mit dem Reiz des „Immer Neuen" überfordert. Sondern als Kind, dessen Kennzeichen Windel und Futterkrippe sind. Schwach. Hilfsbedürftig. Ärmlich. Einen solch seltsamen Gott hatte der Alte Orient, ja die Welt bis dahin nicht gesehen. Bis heute halten wir die geradezu revolutionäre Gestalt dieses Gottes nicht aus. Wir sind immer wieder versucht, ihn zu ersetzen. Oder wenigstens altvertraute Züge an ihm in den Vordergrund zu rücken. Den Schöpfergott etwa. Den allmächtigen Lenker der Geschichte. Oder auch einen verharmlosten lieben Gott.

Die Hirten und später die Apostel und Evangelisten stehen vor einer schwierigen Aufgabe. Sie sollen die Botschaft vom Kind in der Krippe bzw. vom Mann am Kreuz und vom auferstandenen Herrn weitergeben. Aber ihre Botschaft ist so neu, dass sie eigentlich einer neuen Sprache bedürfte. Eine neu erfundene Sprache aber – die würde ja keiner verstehen. Verständnis und neue Einsichten sind immer nur möglich vor dem Hintergrund dessen, was wir schon kennen.

Jeder kluge Lehrer versucht, sich danach zu richten. Er knüpft bei Bekanntem an, bei dem, was seine Schüler schon wissen, um ihn dann etwas Neues beizubringen. Diese einfache pädagogische Grundregel machen sich auch unsere Evangelisten zu Nutze. „Gott gedenkt an seine Gnade und Treue für das Haus Israel", heißt es in Psalm 98. Diese Treue Gottes wollen Matthäus und Markus, Lukas und Johannes verkündigen. Gott ist uns Menschen unverbrüchlich zugewandt, beständiger als irgendein Mensch es je sein kann. So hat er es über Jahrhunderte hinweg mit seinem Volk Israel gehalten. Diese Treue gipfelt in der Sendung seines Sohnes und öffnet sich dabei für alle Welt. Treue ist eine Eigenschaft, die es mit langen Zeiträumen zu tun hat. Deshalb lässt sie sich ohne Rückgriff auf die Vergangenheit gar nicht aufzeigen.

Bibelleser von heute bringen ein anderes Vorwissen mit als die Menschen damals – deshalb merken wir nicht, dass schon die Geschichten der Evangelien durchtränkt sind von Altem, von Zitaten und alttestamentlichen Motiven. Die Vergangenheit des Volkes Israel ist nicht unsere Vergangenheit. Die Gedankenwelt der Bibel ist nicht unsere Gedankenwelt. Deshalb ist es für uns gut, uns in den Weihnachtstagen zunächst einmal auf die eigene Vergangenheit zu besinnen. Spuren der Treue Gottes im eigenen Leben nachzuzeichnen. Sich vielleicht an eine glückliche Kindheit zu erinnern, von der wir bis heute zehren. Sich an Fügungen zu erinnern, durch die Gott uns bewahrt und zu dem gemacht hat, was wir heute sind.

Aber das andere entdecken wir beim Rückblick natürlich auch: Verluste, Einschnitte, die bis heute Schmerzen. Und nicht jeder kann auf schöne Kindertage zurückblicken. Wir brauchen deshalb auch den Hintergrund der Bibel, um die Tiefe und Weite der Treue Gottes zu verstehen. Gott ist nicht nur ein Gott für die Sonnenseiten des Lebens. Er lässt seinen Sohn in einem Viehstall zur Welt kommen. Fragwürdige Gestalten wie die Hirten sind seine ersten Besucher. Ein Blick auf dieses Kind lässt uns das wirklich Neue der Weihnachtsbotschaft erahnen: Gott ist gerade in den Zeiten, an die wir uns nicht so gerne erinnern, als treuer Begleiter an unserer Seite gewesen. Und: Wir dürfen auch auf künftigen Leidenswegen mit seiner Nähe rechnen.

Gottes Treue gilt gerade den Menschen auf der Schattenseite des Lebens. Sie gilt auch mir, in guten wie in schweren Zeiten. Und sie verbindet mich mit allem Volk. „Siehe, ich verkündige euch große Freude, die allem Volke widerfahren soll“ (Lk. 2,10), lautet die Botschaft des Engels an die Hirten. Und in unserem Psalm heißt es: „Aller Welt Enden sehen das Heil unseres Gottes.“ (Ps. 98,3) Wir brauchen den Rückgriff auf unseren christlichen Hintergrund, und das ist auch der Hintergrund des jüdischen Volkes. Wir brauchen den Rückgriff auf alt- und neutestamentliches Gedankengut, um die Tiefe und Weite der Treue Gottes zu erfassen. Unser Gott ist kein Privatgott, reserviert für ein paar Höhepunkte unseres persönlichen Lebens. Unser Gott ist ein Gott mit einem weiten Herzen. Seine Treue gilt mir, ja, sie gilt den Christen neben mir und in aller Welt, sie gilt seinem Volk Israel. Gottes Treue weitet den Blick. Sie verbindet mich mit Vielen, die in diese Treue eingeschlossen sind.

Das ist die frohe, die aufregend neue Botschaft von Weihnachten. So neu, dass es ein ganzes Leben braucht, um sie zu verstehen. Aufregend, aber nicht ermüdend neu, sondern anregend. „Singet dem Herrn ein neues Lied.“ (V. 1) Die Botschaft von Weihnachten versetzt uns in die Lage, neue Lieder zu singen und neue Wege zu gehen. Dazu gehört dann auch, Menschen respektvoll und nicht wie Lebensmittel mit einem Verfallsdatum zu behandeln.

Manchen erscheint die Sentimentalität von Weihnachten zu frustrierend und zu ermüdend. Sie werden sich bald mit Begeisterung in das laute und bunte Silvesterfest stürzen, um den gefühlvollen Ballast des Weihnachtsfestes möglichst schnell hinter sich zu lassen. Aber ob die Antriebskraft von ein paar Leuchtraketen reicht, um mit frischer Kraft in das neue Jahr zu starten?

Weihnachten lädt uns ein zum Blick zurück, das ist wahr: zum Blick zurück auf das eigene Leben, aber vor dem Hintergrund der Geschichte Jesu, die in einem Viehstall begonnen hat und die nicht loszulösen ist von der Geschichte seines Volkes. Weihnachten lenkt unsere Aufmerksamkeit weit zurück in die Vergangenheit, auf den weiten Weg der Treue Gottes, die sich in Jesus unauslöschlich in unsere menschliche Geschichte eingeprägt hat.

Lassen wir uns ein auf diesen Blick zurück in alte Zeiten, und wir werden spüren, dass es gerade dieser Blick zurück ist, der uns mit Spannkraft für die neue Zeit erfüllt. Gott hat seine Menschheit in Treue begleitet, bis hin zur Sendung seines Sohnes, und er wird mich auch in Zukunft tragen und begleiten. Ich habe guten Grund, neue Schritte zu gehen und neue Lieder zu singen. Amen.

Predigt über Matthäus 27, 31-50, gehalten am 29.3.2013 (Karfreitag)

Liebe Gemeinde!

„Des Kaisers neue Kleider" heißt ein Märchen von Hans Christian Andersen. [10] Darin bestellt ein eitler Kaiser neue Kleider bei zwei zugereisten Schneidern, bei denen es sich um Scharlatane handelt: Sie geben vor, die tollsten Kleidungsstücke nähen zu können. Da diese aber angeblich für dumme und in ihrem Amt überforderte Menschen unsichtbar sind, fällt es nicht auf, dass sie nur die teuren Materialien einstecken und nichts tun. Denn weder die vorgeschickten Mitarbeiter des Kaisers noch dieser selber trauen sich zuzugeben, dass sie keine Kleidungsstücke sehen, ja schließlich nicht einmal die Volksmenge, der der Kaiser die unsichtbaren Kleidungsstücke bei einem Umzug vorführt. Dann aber ruft ein Kind: „Er hat ja gar nichts an!" Da wagen es nach und nach alle, in diesen Ruf einzustimmen. Nur der Kaiser hält bis zum Ende des Umzugs den Schein aufrecht und setzt die Prozession ungerührt in Unterwäsche fort.

Er hat ja gar nichts an. Ich habe ja gar nichts an. Diese Entdeckung ist für manchen Menschen mit der Erinnerung an die peinlichsten Momente seines Lebens verbunden. Wir sind aus Schutz vor schlechtem Wetter und Verletzungen auf unsere Kleidung angewiesen. Ja, unsere Kleidungsstücke sind uns sehr vertraut und zum Teil auch Ausdruck unserer Persönlichkeit. Wer nicht gerade Anhänger der Freikörperkultur ist, der beschränkt den Anblick seiner Nacktheit auf wenige vertraute Menschen. Für viele gehört dies zu den erschreckenden Erfahrungen eines Arztbesuchs oder Krankenhausaufenthaltes: plötzlich nackt vor fremden Menschen zu stehen oder gar zu liegen und ihren Blicken und Griffen ausgeliefert zu sein.

Aber es sind nicht nur Hosen, Jacken, Pullover, mit denen wir uns schützend umgeben, unsere Nacktheit verbergen und uns manchmal auch schmücken. Nein, zu unserer kleidenden Grundausstattung gehört noch mehr: materielle Dinge wie Schmuck oder sogar unser Auto und unsere Urlaubsziele, aber auch Bildung, Familienstatus, Titel oder das

---

[10] Vgl. zum Folgenden Andersens Märchen, hg. von Wilhelm Reetz, Leipzig/Berlin ohne Jahresangabe, S. 201 ff

Gefühl, ein anständiger Mensch zu sein. Wir haben in der Vergangenheit miterlebt, wie prominente Menschen auf einmal nackt der Öffentlichkeit ausgeliefert waren, dem beraubt, was sie noch kurz vorher schmückte und Teil ihrer Persönlichkeit war: Minister ohne Doktortitel und schließlich auch ohne Ministeramt, einen vom Amt zurückgetretenen Bundespräsidenten, der auf einmal ohne seine Unverdächtigkeit, seinen guten Ruf, sein Amt und schließlich sogar ohne seine Frau dastand. Und nicht wenigen von ihnen ist es gegangen wie dem eitlen Kaiser im Märchen: Die Öffentlichkeit, durch die Presse noch aufgeheizt, hat voller Freude mit dem Finger auf sie gezeigt und gerufen: „Der hat ja gar nichts an!"

Egal, wie wir zu diesen Menschen stehen - das Erschrecken über ihre Bloßstellung können wir nachvollziehen. Erinnert uns doch ihr Geschick an Momente in unserem Leben, in denen wir uns in vergleichbarer Weise nackt vor einem fremden Publikum gefühlt haben. Der Student mag sich so fühlen, wenn im Examen schonungslos seine Wissenslücken aufgedeckt werden. Die Schülerin, die gemobbt wird und deren Schwachstellen im Internet allen öffentlich gemacht werden. Der Angeklagte, wenn ihm vor Gericht keine Ausreden mehr helfen, sondern seine Schuld nachgewiesen ist.

Sie merken schon: Meine Gedanken zum letzten Abschnitt des Kreuzesweges Jesu und zu seiner Hinrichtung sind in diesem Jahr direkt bei den ersten Versen haften geblieben. Zunächst ziehen die römischen Kriegsknechte Jesus ja seine eigenen Kleider aus und einen Purpurmantel an, um ihn als Judenkönig zu verspotten. Dann darf er für kurze Zeit noch einmal seine eigenen Kleider tragen, bevor die Kriegsknechte ihm das meiste davon endgültig ausziehen und die Teile untereinander verlosen. Wie unangenehm, wie peinlich muss das für Jesus gewesen sein. Plötzlich sozusagen in der Unterwäsche vor Menschen zu stehen, die ihn ohnehin nicht ernst nehmen. Ihren hämischen Blicken in seiner notdürftigen Kleidung ausgeliefert zu sein.

Doch dieses erzwungene Ablegen der Kleider ist nur Teil eines langen Prozesses, in dem Jesus immer mehr von dem entrissen wird, was für uns zum Menschsein gehört und wichtiger Bestandteil unserer Persönlichkeit ist: Jesus wird festgenommen und seiner Freiheit beraubt.

In einem Unrechtsprozess wird ihm seine bürgerliche Unbescholtenheit aberkannt, und er wird auf eine Ebene mit Verbrechern gestellt. Auf seinem Weg zum Kreuz wird er bespien und entehrt. Seine Freunde verlassen ihn und nehmen ihm den menschlichen Rückhalt. Vor der Kreuzigung werden ihm die Kleider abgenommen. Als er ans Kreuz genagelt wird, verliert er seine körperliche Unversehrtheit. Am Kreuz ruft er nach Gott, scheint aber auch diesen letzten Rückhalt verloren zu haben. Und schließlich verliert er sein Leben. Jesu Weg zum Kreuz – man kann ihn als Weg einer einzigen Entkleidung beschreiben, bis er an einen Punkt kommt, wo er gar kein Mensch mehr zu sein scheint.

In diesen frühen rauen Frühlingstagen, in denen einen nach kurzen Wärmephasen immer noch einmal die winterliche Kälte überfällt und packt, wird einem für die Bewegung im Freien der sogenannte Zwiebellook empfohlen: nämlich mehrere Schichten an Kleidung übereinander zu ziehen, damit man für jede Wetterlage ausgestattet ist.

Ich glaube, bei unserem gesamten Auftreten als Menschen tragen wir so etwas wie den Zwiebellook: nämlich viele Schichten von Dingen, die uns kleiden und unsere Nacktheit verbergen. Aber genau wie wir nackt zur Welt gekommen sind und sie auch nackt, allenfalls in ein Totenhemd gehüllt, wieder verlassen, so kommen wir auch im Laufe unseres Lebens immer mal wieder an einen Punkt, an dem deutlich wird: Im Grunde sind wir Menschen sehr ungeschützte, auf Hilfe angewiesene Wesen. Menschen, mit deren Anständigkeit es nicht weit her ist. Die, wie in der Passionsgeschichte Petrus, vor allem darauf aus sind, die eigene Haut zu retten. Ohne Rücksicht auf Verluste. Wesen also, die wenig darstellen.

Wir werden nicht gerne daran erinnert. Deshalb ist Karfreitag, wo uns im gekreuzigten Jesus die ganze Erbarmungswürdigkeit des Menschen vor Augen steht, sicher nicht der Lieblingsfeiertag der Christen. Aber wenn wir diese Erfahrung und Einsicht verdrängen, stehen wir beim nächsten Mal wieder genauso nackt und ungeschützt da. Wenn wir uns dagegen dem Anblick des nackten und ungeschützten Christus am Kreuz aussetzen, wenn wir uns mit ihm auseinandersetzen, verändert dies unser Leben. Denn Gott hat seinen Sohn Jesus ja nicht umsonst diesen

Weg der Entehrung gehen lassen. Er hat ihn zu unserem Heil auf diesen Weg geschickt, um uns zu schützen und zu helfen.

Gerade weil Jesus dieser Extremerfahrung nicht ausgewichen ist, weil er es im Namen Gottes ausgehalten hat, von Gott und Menschen verlassen zu sein, gilt für uns: Wir sind es nicht mehr. Es gibt keine Situation, die – sei es durch eigene Schuld herbeigeführt, sei es durch die Schuld anderer ausgelöst - so entwürdigend wäre, dass Gott uns nicht zur Seite stehen würde. Seit Jesu Kreuzestod gilt: Nichts kann uns trennen von der Liebe Gottes. Weder Peinliches noch Entwürdigendes. Weder Mächte noch Gewalten. Weder Gegenwärtiges noch Zukünftiges. Weder Tod noch Leben hält Gott davon ab, zu uns zu stehen.

Gott ist uns nahe – auch in den peinlichsten und am meisten entwürdigenden Situationen unseres Lebens. Er rechnet uns unsere Sünde nicht zu. Er lässt uns nicht im Regen stehen. Und er lässt uns nicht nackt dastehen. Er hüllt uns schützend in den Mantel seiner Fürsorge und Anerkennung. Menschen, die auf den gekreuzigten Christus vertrauen, sind gut gekleidete Menschen. Auch in Situationen, in denen uns das, mit dem wir uns bis dahin umgeben haben, Stück für Stück entzogen wird. Gott umkleidet uns mit seiner Fürsorge und Wertschätzung. Aber das sind andere Kleidungsstücke als die, die gängig und in Mode sind. Es sind sozusagen von Gott gewirkte und ausgesuchte Kleidungsstücke.

Unsere Kleidung erfüllt ja nicht nur den Zweck, dass wir geschützt werden und uns weniger nackt fühlen. Nein, sie verleitet uns auch immer wieder dazu, uns gegenseitig zu übertrumpfen, ja, uns sogar gegenseitig etwas vorzumachen. Das fängt schon in Kindergarten und Schule an. Ich frage meine Konfirmanden ab und zu, was denn zur Zeit gerade an Klamotten so angesagt ist. Das wechselt ziemlich schnell. Manchmal ist es eine bestimmte Uhr, die alle unbedingt tragen wollen und müssen, manchmal sind es Schuhe. Diese Moden sind schnell wieder überholt. Gerade deswegen können sie in einen anstrengenden Wettbewerb ausarten, bei denen weniger Begüterte schnell ausgeschlossen und abgehängt werden. Das ist nicht anders als bei uns Erwachsenen. In manchen Schulen hat man deshalb Schuluniformen eingeführt. Alle Schülerinnen und Schüler tragen die gleiche Kleidung, die Ausdruck ihrer Schulzugehörigkeit und nicht ihres Geschmacks und der finanziellen Möglichkeiten ihrer Eltern ist. Kleidungsstücke, die vielleicht sogar Eigentum der Schule sind.

Ich finde, das ist ein gutes Bild für Menschen in der Nachfolge des Gekreuzigten. Menschen, die auf den Gekreuzigten blicken und ihn als Schutz und Begleiter in allen Situationen ihres Lebens wissen, statten sich von nun an sozusagen nicht mehr mit Kleidungsstücken ihrer Wahl aus, sondern mit solchen, die Gott für sie bereitet und ausgesucht hat. „Christi Blut und Gerechtigkeit, das ist mein Schmuck und Ehrenkleid" – so wird es in einem alten Glaubenslied ausgedrückt[11]. Dieses Tragen fremder Kleider macht es unmöglich, sich gegenseitig auszustechen, andere abzuhängen und klein zu machen. „Das ist alles nur geklaut" hieß vor Jahren ein Lied der Gruppe „Die Prinzen".[12] Für Christen gilt ein anderes Motto: „Das ist alles nur geschenkt." In erster Linie meine Würde als Mensch, aber auch alles andere – gesundheitliche Kräfte, finanzielle Möglichkeiten, Anerkennung durch andere – alles ist von Gott geschenkt. Wer das weiß, der wird barmherzig mit anderen. Dem öffnen sich die Hände dazu, andere zu beschenken und zu helfen.

Wenn viele so leben, dann hat das Auswirkungen auf unsere Gesellschaft. Unrecht muss beim Namen genannt, falsche Pracht entlarvt werden. Aber das gehässige Zeigen mit dem Finger, der wohlige Ruf „Der hat ja gar nichts an" bringt uns auf die Dauer nicht weiter. Wir müssen lernen, schuldig Gewordenen ohne Häme zu begegnen. Ihnen nicht das Mäntelchen der Unschuld umzuhängen, aber das der Barmherzigkeit. Nachdem Schuld benannt und bekannt ist, auch Neuanfänge zu gewähren. So wie Gott das in Jesus mit uns macht. Menschen, die auf ihn vertrauen, können das. Lassen Sie uns gleich heute damit beginnen. Amen.

---

[11] EG 350, 1

[12] Die Prinzen, „Das ist alles nur geklaut" 1993

Predigt über 1. Samuel 2, 1-8 vom 8.4.2012 (Ostersonntag)

Liebe Gemeinde!

„Das ist ein kleiner Schritt für einen Menschen, aber ein großer Sprung für die Menschheit".[13] Mit diesen Worten kommentierte der Astronaut Neil Armstrong den Moment, als er 1969 den Mond betrat. Noch nie zuvor war ein bemanntes Raumschiff auf dem Mond gelandet, noch nie zuvor hatte ein Mensch seinen Fuß auf einen anderen Planeten gesetzt. Von der Schrittlänge her war es für Armstrong wahrscheinlich wirklich kein besonders großer Schritt, wohl aber von der Bedeutung her. Obwohl ich damals erst neun Jahre alt war, kann ich mich erinnern, wie sehr dieses Ereignis uns alle beschäftigte. Im Nachhinein allerdings frage ich mich, ob es wirklich ein so wichtiger Sprung gewesen ist, wie es damals schien. Für einige Wissenschaftler sicher. Für die Menschheit insgesamt aber wohl kaum.

Ein großer Sprung für die Menschheit – das scheint mir stattdessen eine treffende Umschreibung für das Ostergeschehen zu sein. Zum einen, weil sich hier, wie bei der Mondlandung, etwas noch nie da Gewesenes ereignet: ein Mensch besiegt den Tod, er kehrt aus dem Nichts des Todes zurück in das Leben. Und wie sehr leiden Menschen, seit es sie gibt, unter der Herrschaft des Todes: unter der Angst vor dem eigenen Tod. Unter dem Schmerz, der ihnen der Verlust nahestehender Menschen bereitet. Darunter, dass Leben immer wieder gewaltsam beendet wird. Aber auch unter dem Tod mitten im Leben in Gestalt von Unterdrückung und Ausgrenzung. Dass da wenigstens einer ist, der diese furchtbare Macht besiegt hat - das ist für die Menschheit ein gewaltiger Sprung nach vorne. Ein einzigartiges, spektakuläres Ereignis.

Doch nicht nur, weil sie aus allem anderen Geschehen herausragt, ist Jesu Auferstehung von einzigartiger Bedeutung. Nein, unser heutiger Predigttext kann uns zu einem noch tieferen Verständnis dessen anleiten, was da am dritten Tag nach Jesu Kreuzigung geschehen ist: Es handelt sich um das Loblied der Hanna. Ein alttestamentlicher Text für das Urdatum des Neuen Testaments – das ist an sich schon eine Besonderheit. In welcher Situation befindet sich diese Hanna, als sie ihr

---

[13] Tatjana Malisch, Geschichte der Raumfahrt, München 2009, S. 99

fast schon revolutionäres, weit vorausschauendes Lied anstimmt? Ein Lied, das uns helfen soll, ein Ereignis zu verstehen, das sich weit über 1000 Jahre nach Hannas Zeit ereignet?

Hanna ist die Frau eines israelitischen Mannes namens Elkana und wohnt mit ihm zusammen in einem Ort im Gebirge Ephraim. Leider nicht alleine, denn damals ist die Vielehe noch gang und gäbe. Elkana hat noch eine zweite Frau, Peninna. Diese erweist sich im Gegensatz zu Hanna als sehr fruchtbar. Während Hanna immer noch auf ihr erstes Kind wartet, hat Peninna schon mehrere Kinder zur Welt gebracht. Hanna muss nicht nur mit ihrer eigenen Traurigkeit, sondern auch mit dem Spott ihrer Konkurrentin fertig werden.

Eine Frau ohne Kinder – sie gilt bis heute bei vielen als minderwertig und auch bedauernswert, als jemand, der seine eigentliche Bestimmung verfehlt hat, auch wenn das nicht so offen gesagt wird. Aber immerhin haben Frauen heute viele Möglichkeiten, ein sinnvolles Leben zu führen. Zu Hannas Zeit bedeutete Kinderlosigkeit für eine Frau, eine Versagerin zu sein. Hanna – ein Beispiel dafür, wie der Tod mitten im Leben aussehen kann. Sie muss nicht nur mit ihrem persönlichen Schmerz über ihre Kinderlosigkeit fertig werden. Darüber hinaus wird sie von anderen verachtet, denn sie erfüllt nicht die von der Gesellschaft ihr zugedachte Aufgabe. All dies macht sie sehr traurig.

Hannas Traurigkeit werden Menschen in vergleichbaren Situationen gut nachvollziehen können. Kranke etwa oder solche mit schlechter Ausbildung, die in unserer immer komplizierter werdenden Welt Mühe haben, eine Arbeitsstelle zu finden. Finanziell sind sie zwar mit dem Notwendigsten versorgt, aber wie gerne würden sie ihren Beitrag in der Gesellschaft für ihr Einkommen leisten. Oder alte Menschen, an denen die technische Entwicklung und damit vieles, was möglich ist an neuartiger Kommunikation, vorbeigeht. Auch sie erleben ein Stück Tod mitten im Leben.

Elkana hat Mitleid mit seiner Frau Hanna, aber viel tun kann er für sie auch nicht. Doch Hanna kennt noch eine weitere Zufluchtsstelle außer ihrem Ehemann, nämlich den lebendigen Gott. Immer wieder besucht sie den Tempel und bringt ihr Anliegen unter Tränen vor Gott. Sie bittet um einen Sohn und verspricht dafür, ihn dem Herrn für ein geistliches Amt zur Verfügung zu stellen. Nach vielen Jahren wird Hannas Gebet erhört. Hanna bringt Samuel zur Welt. Samuels Geburt – im Leben Hannas bedeutet sie gewiss einen gewaltigen Schritt nach vorne: von der kinderlosen Außenseiterin zur stolzen Mutter. Weg vom Tod mitten im Leben hin zur vollen Teilhabe daran.

Auch in der Geschichte Israels stellt Samuels Geburt, wie sich beim Weiterlesen herausstellt, einen entscheidenden Schritt nach vorne dar. Denn Samuel wird schließlich tatsächlich Priester und salbt die ersten beiden Könige in der Geschichte Israels, Saul und später David. Samuels Geburt stellt den einen wichtigen Schritt auf dem Weg Israels dar: weg von einem losen Zusammenschluss einiger Volksstämme mit wechselnden sogenannten Richtern als Führergestalten von sehr unterschiedlicher Qualität. Hin zu einer von einer Königsdynastie repräsentierten und geleiteten Nation. Zugegeben: Samuels Geburt ist nur ein Schritt auf diesem Weg, aber durchaus kein unbedeutender. Immerhin wird sie an herausragender Stelle in den alttestamentlichen Geschichtsbüchern, am Beginn eines neuen Erzählabschnitts überliefert. Damit Samuel seinen Auftrag der Königssalbung erfüllen kann, ist es allerdings nötig, dass er eine priesterliche Erziehung und Ausbildung bekommt – genau das, was Hanna für den ersehnten Sohn ins Auge gefasst hat.

Aber auch wenn sie stolz ist, dass ihr Sohn diesen besonderen Weg gehen wird - muss es für sie nicht trotzdem ein schmerzlicher Rückschritt sein, den Sohn, den sie doch erst vor wenigen Monaten geboren hat, direkt wieder aus den Händen zu geben? Hanna aber singt ein Loblied, und zwar genau zu diesem Zeitpunkt. Nicht nach seiner Geburt, sondern nachdem sie Samuel entwöhnt und zu seiner weiteren Erziehung im Tempel abgegeben hat. Sie ist fröhlich, trotz dieses für sie schmerzlichen Schrittes, ihren Sohn wieder abzugeben. Allerdings singt sie nicht nur von dem Gott, der lebendig macht, der reich macht und erhöht. Nein, sie singt von dem Gott, der tötet **und** lebendig macht, der erniedrigt **und** erhöht. Hier schwingt etwas von ihren bisher gemachten schmerzhaften Erfahrungen und vielleicht auch vom Trennungsschmerz mit. Auch diese Erfahrungen bringt sie vor Gott, sie bringt sie mit Gottes Handeln in Verbindung und bezieht sie in ihr Loblied mit ein.

Von der bedeutenden Rolle, die Samuel einmal in der Geschichte Israels spielen wird, weiß Hanna zu diesem Zeitpunkt noch nichts. Erst der Verfasser der Samuelbücher sieht die Geburt dieses kleinen Jungen in diesem weit reichenden Zusammenhang. An dem Lied von Hanna aber, das er uns überliefert, lässt sich erkennen, was dieses Ereignis überhaupt zu einem potentiellen großen Sprung nach vorne qualifiziert: nämlich dass es schmerzliche Erfahrungen und Rückschritte in Hannas Leben mit in sich aufnimmt und sie auf dem Weg nach vorne mit einbezieht.

Über 1000 Jahre später nimmt eine junge Frau Hannas Gedanken und Lobworte auf, nämlich während der überraschenden Schwangerschaft mit ihrem ersten Sohn Jesus. Auch im Lobgesang der Maria, den sie noch während ihrer Schwangerschaft formuliert, ist die Rede von dem Gott, der erniedrigt und erhöht, der barmherzig ist und zerstreut, der Menschen beschenkt oder leer ausgehen lässt (Lukas 1, 46ff). Maria bekommt am Anfang des Weges Jesu eine Ahnung davon, dass hier Gott am Werk ist. Der Gott, der sich gerade auf dem Weg Jesu nicht nur mit den Höhepunkten unseres Lebens, sondern auch mit seinen Tiefpunkten und Rückschlägen befassen wird.

Dieser Gott erweist seine Kraft auch am Ende des Weges Jesu: indem er Jesus aus dem Tod herausholt und ihn den Schritt aus dem Grab heraus tun lässt, hinein in ein neues Leben. Der erste Schritt des ehemals toten Jesus aus dem Grab heraus zurück in die Welt der Lebenden ist von der Entfernung her sicher ein kleiner Schritt. Aber es ist ein Schritt mit einer langen Vorgeschichte. Angesichts des Gewichts der Passionsgeschichten in den Evangelien hat der Theologe Martin Kähler einmal gesagt, die Evangelien seien „Passionsgeschichten mit ausführlicher Einleitung“. [14] Man kann auch sagen, sie seien Osterberichte mit ausführlicher Einleitung, und ihr wichtigster Bestandteil ist nun einmal die Passionsgeschichte. Die Osterberichte, jene Berichte von dem kleinen Schritt Jesu aus dem Grab heraus, sind ohne ihre Vorgeschichte, die Passionsgeschichte, nicht zu verstehen. Sie beschreiben uns den Herrn, der sich nach Paulus in vielen Schritten

---

[14] Martin Kähler, Der sogenannte historische Jesus und der geschichtliche, biblische Christus, Leipzig 1896, 2. Auflage, S. 80

erniedrigte und gehorsam wurde bis zum Tode am Kreuz. Sie beschreiben mit dem Weg Jesu das Werk des Gottes, der erniedrigt, der arm macht und tötet. Der sich in Jesus unzählige Schritte von seiner göttlichen Erhabenheit zurückbewegt. Und dabei unsere Niedrigkeit, unserer Armut und unseren Tod teilt. Der uns bei den schmerzlichen Erlebnissen und Rückschritten unseres Lebens zur Seite steht und sie seinem Ziel dienstbar macht: dem Durchbruch zum ewigen Leben.

Der Schritt des auferweckten Jesus aus dem Grab ist von der Entfernung her sicherlich ein kleiner Schritt. Trotzdem ist er von der Bedeutung her das, was wir als einen Quantensprung bezeichnen: ein Sprung hinein in ein Leben, das nach anderen Maßstäben bemessen wird als das unsere, ein Sprung hinein in das ewige, unzerstörbare Leben, das bei Gott auf uns wartet und an dem schon heute die Anteil gewinnen, die an Jesus Christus glauben. Jesu Auferstehung ist nicht nur deshalb so bedeutsam, weil hier etwas noch nie da Gewesenes, Spektakuläres geschieht. Sie ist kein Medienereignis. Jener erste Schritt Jesu aus dem Grab heraus wird uns in der Bibel nicht einmal beschrieben, sondern nur die Auswirkungen seiner Auferstehung. Sie ist deshalb ein großer Sprung für die Menschheit, weil hier der Gott handelt, der arm **und** reich macht, der erniedrigt **und** erhöht, der tötet **und** lebendig macht. Oder besser gesagt: der unsere Armut, Erniedrigung und unseren Tod teilt und uns dabei mitnimmt auf seinem Weg in das ewige Leben. Der einen langen Anlauf nimmt, um möglichst viele mit hineinzunehmen in dieses Leben.

Wir dürfen, wie Hanna es über Jahre hinweg tut, Gott all das bringen, was uns das Herz schwer macht, aber auch das, was das Zusammenleben der Menschen im Kleinen und Großen beeinträchtigt. Wir dürfen es bei ihm abladen, vor ihm weinen, ihn um Hilfe bitten. Auch wenn es lange Zeit anders aussieht: Er hört unser Klagen. Er sieht, was uns auf unserem Weg zurückwirft. In der Auferweckung Jesu Christi ist es mit hinein genommen auf seinen Weg ins Leben. Irgendwann werden auch wir, wie Hanna, wie Maria, wie Jesus seine bereichernde, erhöhende, lebendig machende Kraft spüren. Irgendwann, vielleicht noch unter Tränen, werden auch wir in den Osterjubel einstimmen können. In den Jubel über den Gott, der den Tod erleidet, um lebendig zu machen.

Ja, lassen Sie uns schon heute den Gott loben, der viele Schritte durch die Welt des Todes hindurch gegangen ist, um so den entscheidenden Schritt vorzubereiten: den Schritt seines Sohnes aus dem Grab heraus. Und lassen Sie uns dann seinen Weg mitgehen: indem wir Gerechtigkeit fördern, Frieden stiften und die frohe Botschaft weitersagen, dass Jesus auferstanden ist. Denn für uns ist dies der Sprung, der die Menschheit nach vorne bringt. Amen.

Predigt über 1. Korinther 2, 12-16 vom 27.5.2012 (Pfingstsonntag)

Liebe Gemeinde!

„Die Frau vom Meer“ heißt ein Drama von Henrik Ibsen.[15] Darin geht es um das Schicksal der Tochter eines Leuchtturmwärters, Ellida. Aus ihrem abgeschiedenen Leben heraus lässt sie sich auf das Werben eines Witwers mit zwei Kindern und auf die Ehe mit ihm ein. Sie fühlt sich in dieser Ehe jedoch genauso eingesperrt wie vorher im Leuchtturm und wird nicht richtig Teil ihrer neuen Familie. Die kurze Begegnung mit einem Seemann in der Vergangenheit hat ihren Wunsch nach Freiheit vertieft, ihm fühlt sie sich mehr verbunden als ihrer Familie. Als der Seemann zurückkehrt, um sie zu holen, bittet sie ihren Mann, sie freizugeben. Sie will dem Seemann in Freiheit folgen. Ihr Mann begreift nur langsam ihren Wunsch, sich unabhängig zu entscheiden. Aber weil er sie liebt, gibt er sie schließlich frei. Ellida aber wird durch diese seine Entscheidung die Tiefe seiner Liebe deutlich. „So nahe also stände ich Dir – so innerlich nahe“[16], fragt sie. Endlich kann sie sich frei entscheiden – und entscheidet sich dagegen, dem Seemann zu folgen. Stattdessen bleibt sie bei ihrem Mann und den Kindern, die sie nun auch als ihre Kinder annehmen kann.

Henrik Ibsen schreibt dieses Drama 1888. Aber die Thematik, die er darin behandelt, ist hochaktuell: der Konflikt zwischen Freiheit und Bindung, zwischen Selbstverwirklichung und dem Dasein für andere. Freiheit und Selbstverwirklichung sind Werte, die in unserer Gesellschaft hoch eingeschätzt werden. Sich zu binden und für andere da zu sein, steht stattdessen nicht so hoch im Kurs.
Ich weiß noch, wie betroffen mir eine Bekannte vor einigen Jahren nach Weihnachten erzählte: Mein Mann hat mich und die beiden Mädchen Heiligabend verlassen. Er will sich selbst verwirklichen und ein neues Leben anfangen. An der Unlust, sich dauerhaft zu binden, zerbrechen viele elementare Lebensgemeinschaften wie Ehen und Familien mit zum Teil dramatischen Folgen.

---

[15] Julius Elias/Paul Schlender (Hgg.), Henrik Ibsen. Sämtliche Werke, Volksausgabe in 5 Bänden, Berlin 1920, Bd. 5, S. 1-180
[16] Ebd. S. 105

Aber auch größere Gemeinschaften und soziale Einheiten leiden darunter: Vereine, Gewerkschaften, Kirchen verzeichnen sinkende Mitgliederzahlen. Viele Chöre vegetieren am Existenzminimum vor sich hin. Bei zeitlich begrenzten Projekten sind die Menschen Feuer und Flamme. Beim regelmäßigen Üben für weniger spektakuläre Aktionen ist dagegen der harte Kern wieder unter sich. Eigentlich finde ich es ja sehr schön, wenn Menschen an vielen Dingen interessiert sind. Aber in vielen Bereichen gelangt man erst durch konsequente Beschäftigung damit in die Tiefe. Dann aber sind Feuer und Flamme bei vielen schon wieder erloschen.

Feuer und Flamme spielen auch in der Pfingstgeschichte eine wichtige Rolle. Nach der Entdeckung des leeren Grabes dauert es ja eine ganze Weile, bevor die Jünger einigermaßen erfassen: Jesus ist auferstanden. Leibhaftige Begegnungen mit dem lebendigen Herrn helfen ihnen dabei. Doch durch seine Himmelfahrt rückt er wieder ein Stück in die Ferne für sie. Sie fühlen sich aufs Neue von ihm verlassen. Noch dazu hat er ihnen einen weit reichenden Auftrag gegeben: die frohe Botschaft zu verkündigen und bis an die Enden der Erde seine Zeugen zu sein. Wie sollen sie das schaffen, mutlos wie sie sind? Noch dazu fehlen ihnen die einfachsten technischen Voraussetzungen, um diesen Auftrag zu erfüllen, etwa das Beherrschen fremder Sprachen.

Dann aber geschieht das Pfingstwunder: Gottes Geist ergreift die Jünger. Er erfüllt sie mit Mut. Sie sind auf einmal Feuer und Flamme für die Aufgabe, das Evangelium weiter zu sagen. Und sie beherrschen plötzlich fremde Sprachen, so dass andere sie verstehen können. In der Gemeinde, die sich ca.15 Jahre später in Korinth bildet, hat das Wirken des Geistes noch weitere spektakuläre Auswirkungen: Wenn bei ihnen in der Gemeindeversammlung jemand vom Geist Gottes erfüllt wird, so gerät er in Ekstase und redet plötzlich in einer völlig unverständlichen Sprache.

Für uns Menschen in einem wissenschaftlich geprägten Zeitalter, für uns nüchterne Westeuropäer ist vielleicht beides fremd: das Beten in einer Art himmlischen Sprache genauso, wie plötzlich eine Sprache zu beherrschen, die man nie gelernt hat. „Ist das wirklich so geschehen?“ hat mich denn auch ein Konfirmand zweifelnd gefragt, als wir im

Unterricht gemeinsam die Pfingstgeschichte lasen. Damit sprach er aus, was vielleicht manche von uns denken. Mir ist an der Pfingstgeschichte wichtig, dass Gottes Geist **viele** Sprachen spricht. Er spricht nicht nur die Sprache momentaner Begeisterung. Paulus macht den Korinthern, die anscheinend vor allem den Kick schneller Begeisterung suchen, deutlich: Gottes Geist spricht auch die Sprache von Verbindlichkeit und Treue.

Bei allen Begegnungen des Auferstandenen mit den Jüngern lenkt er deren Blick in die Vergangenheit. „Musste nicht Christus dies erleiden und in seine Herrlichkeit eingehen?“, fragt er die Jünger auf dem Weg nach Emmaus (Lk. 24, 26). Auch zu den Predigten der Apostel nach Pfingsten gehört dieser Blick in die Vergangenheit. Petrus geht in seiner Pfingstpredigt bis auf König David und die Propheten zurück, um seinen Zuhörern zu erklären, warum Jesus sterben musste und auferstanden ist. Der Auferstandene selber wie später seine Apostel versuchen mit allen Mitteln, ihren Zuhörern deutlich zu machen, was ihnen von Gott geschenkt ist und von wie langer Hand dieses Geschenk geplant ist. Gott hat Jesus geschickt, er hat ihn sterben und auferstehen lassen, um uns Menschen seine Liebe zu zeigen. Er ist uns nahe gekommen, um uns zu zeigen, wie nahe wir ihm stehen. Ellida braucht in Ibsens Stück auch eine ganze Weile, bevor sie in Bezug auf ihren Mann entdeckt: „So nahe also stände ich Dir.“ Gottes Geist verhilft uns zu einer ähnlichen Entdeckung. Er lenkt unsere Blicke auf Jesus Christus und lässt uns bei ihm entdecken: So nahe stehen wir Gott. So sehr liebt er uns. „Wir haben den Geist aus Gott, dass wir wissen können, was uns von Gott geschenkt ist“, schreibt Paulus an die Korinther (V. 12). Durch Gottes Geist erahnen wir die Größe seiner Liebe.

Diese Liebe führt uns in die Freiheit. In die Freiheit, uns für oder gegen ein Leben mit Gott zu entscheiden. Ja, das ist das Widersinnige an der Entscheidung, ohne Gott zu leben: Wer sich so entscheidet, ist sich wohl kaum dessen bewusst, dass ihm die Freiheit dazu gerade erst von Gott geschenkt ist.

Wir können die von Gott geschenkte Freiheit auch positiv nutzen, nämlich dazu, uns für ihn zu entscheiden. Wobei eine Entscheidung für Gott immer zugleich eine Entscheidung für andere Menschen ist. Freiheit und Verbindlichkeit sind keine sich ausschließenden Gegensätze.

Sondern wahre Freiheit verwirklicht sich in verbindlicher Zuwendung. „Ein Christenmensch ist ein freier Herr über alle Ding und niemand untertan. Ein Christenmensch ist ein dienstbarer Knecht aller Ding und jedermann untertan.“ [17] So hat es Martin Luther formuliert. Seine Aussage, dass wir als Christen jedermann untertan sind, ist sicherlich extrem. Ich finde es wichtig, sich zu entscheiden: Welchen Menschen, welchen Organisationen, welchen Zielen fühle ich mich aus meinem Glauben heraus zutiefst verbunden? Für wen möchte ich mich verbindlich einsetzen? Wo liegt meine besondere Aufgabe? Wofür kann ich mich „begeistern“? Wenn wir verbindlich leben und unsere Berufung erfüllen, sind wir aber nicht auf uns selbst gestellt. Gottes Geist ist stark und ausdauernd. Er reicht für mehr als nur dafür, ein paar hoch auflodernde, aber kurzlebige Flammen zu erzeugen. Dieser Geist reicht aus, um ein wärmendes Feuer für lange Zeit am Leben zu halten. Dieser Geist hilft uns, einen verbindlichen Lebensstil zu entwickeln.

Vor einem Irrtum sollten wir uns allerdings hüten: Auch wenn andere Menschen von unserer liebevollen Zuwendung, unserem verbindlichen Lebensstil profitieren, so werden sie ihn nicht sofort verstehen, loben oder selbstverständlich nachahmen. Es ist nicht der Geist der Welt, der uns Christen erfüllt, sondern Gottes Geist. Der natürliche Mensch hält die Auswirkungen dieses Geistes für Torheit, für Dummheit. So schreibt Paulus ca. 50 n. Chr. an die Korinther. Daran hat sich bis heute nicht viel geändert.

„Der Ehrliche ist der Dumme“ heißt ein bekanntes Buch von Ulrich Wickert. [18] Oft genug gilt das auch für den Rücksichtsvollen, den Hilfsbereiten, den Selbstlosen. Auch die werden häufig als die Dummen betrachtet und behandelt. Aber Gottes Geist führt uns auch hier in die Freiheit, er macht uns unabhängig von der Meinung und dem Urteil anderer.

Sein Geist hilft uns, trotz Gegenwind einem verbindlichen Lebensstil treu zu bleiben. Er gleicht den Feuerflammen, die mit einem Mal hoch auflodern, wie damals am ersten Pfingstfest, aber auch dem

[17] Martin Luther, Von der Freiheit eines Christenmenschen, in: Ernst Kähler (Hg.), An den Christlichen Adel deutscher Nation. Von der Freiheit eines Christenmenschen. Sendbrief vom Dolmetschen, Stuttgart, 1962/2010

[18] Ulrich Wickert, Der Ehrliche ist der Dumme. Über den Verlust der Werte, Hamburg 1994

gleichmäßigen Brennen einer Kerze oder eines Kaminfeuers, an dem wir uns immer aufs neue wärmen und unsere Begeisterung neu entzünden können. Ohne ihn wären wir bei einem verbindlichen Lebensstil bald ausgebrannt, er aber lässt unser Herz für andere brennen. Und wer weiß? Vielleicht springt ja doch bei dem einen oder der anderen der Funke über, und er oder sie begreifen, wie nahe wir Gott stehen und wie reichhaltig er uns beschenkt. Vielleicht nutzt der eine oder die andere die von Gott geschenkte Freiheit, um sich für ein Leben mit ihm zu entscheiden. Amen.

4. Freizeit

Predigt über das Lied „Morgenlicht leuchtet" (EG 455)

Morgenlicht leuchtet rein wie am Anfang.
Frühlied der Amsel, Schöpferlob klingt.
Dank für die Lieder, Dank für den Morgen,
Dank für das Wort, dem beides entspringt.
(Text: Jürgen Henkys 1987, V.1)

Liebe Gemeinde,

wie starten Sie normalerweise in den Tag? Geht es bei Ihnen eher hektisch zu? Schlafen Sie oft länger als geplant, weil Sie am Abend den Weg ins Bett nicht rechtzeitig finden? Vielleicht müssen Sie sich ganz schön beeilen, um noch zu frühstücken und trotzdem pünktlich in der Schule oder am Arbeitsplatz zu erscheinen. Dann haben Sie wenig Zeit, um das Licht des Morgens, das Lied der Amsel, die leuchtenden Tautropfen zu bewundern.

Oder beginnen Sie den Tag lieber in Ruhe? Langsam bekommen Sie mit, wie sich das Licht des Tages gegenüber dem Dunkel der Nacht durchsetzt. Sie hören das Zwitschern und Singen der Vögel und sehen die Tautropfen im Gras blinken.

Ein neuer Tag – das kann ein neuer Anfang sein. Ich denke, gerade deshalb ist die Stimmung eines neu erwachenden Tages so ansprechend: Weil er wie ein Widerschein des ersten Schöpfungstages ist. Weil er uns das Gefühl gibt: Alles kann neu werden. Gottes Schöpferkraft ist ungebrochen. Das, was in unserem Leben an Beziehungen zerbrochen, an Träumen geplatzt, an Plänen gescheitert ist, das, was auf dieser Erde entstellt und verzerrt ist, muss nicht das letzte Wort haben. So wie Gott uns jeden Morgen einen neuen Tag schenkt, so kann er auch für unser Leben, unsere Erde einen Neuanfang setzen.

Es gibt jedoch Tage, da liegen uns Natur und Schöpfung eher fern. Da haben wir kein Ohr für das Versprechen eines neuen Tages. Vielleicht weil unser Kopf zu voll ist von den Stimmen in uns und um uns herum. Oder kann es sein, dass die Stimme der Schöpfung selbst für uns nicht mehr so eindeutig ist, wie sie einmal war?

Von den Spuren Gottes im Garten ist in der zweiten Strophe des Liedes die Rede. Davon, dass uns mancher schöne Morgen das Gefühl vermittelt, als sei Gott selbst eben noch über diese Erde gegangen, wie damals durch den Garten Eden. Sind seine Spuren auf dieser Erde nicht inzwischen völlig überlagert? Überlagert von den Spuren Adams und Evas, Kains und Abels, von den Spuren der vielen, die eigenmächtig in das Zusammenleben von Mensch und Mensch, Mensch und Kreatur eingegriffen haben? Wir selber sind in diese Strukturen der Eigenmächtigkeit verstrickt: ob nun dadurch, dass wir die Annehmlichkeiten des Individualverkehrs nutzen, durch unseren Konsum die Wegwerfgesellschaft fördern oder auf andere Weise. Und so mag zwar das Morgenlicht noch rein wie am Anfang leuchten – spätestens die Mittagssonne dringt inzwischen so ungefiltert und aggressiv auf uns ein, dass sie uns mehr schadet als gut tut.

Ist es zu spät für diese Erde, zu spät für einen neuen Anfang? Ist es zu spät für einen Neuanfang in unserem Leben? Gehört ein Lied wie „Morgenlicht leuchtet“ in den Bereich der Nostalgie, der wehmütigen Erinnerung?

Sanft fallen Tropfen, sonnendurchleuchtet.
So lag auf erstem Gras erster Tau.
Dank für die Spuren Gottes im Garten,
grünende Frische, vollkommnes Blau. (V.2)

Gewiss, sie ist mehrdeutig geworden, die Sprache der Schöpfung. Sie spricht nicht nur von der erneuernden Schöpferkraft Gottes, sondern auch von der Habgier, der Rücksichtslosigkeit, der Zerstörungswut der Menschen. Ob wir nun an die durchlöcherte Ozonschicht denken, die schmelzenden Pole, die Klimaveränderungen – mit den vielen Katastrophen, die sie nach sich ziehen.

Gewiss, sie trägt ein Gewirr von Fußspuren, diese Erde. Nicht nur die Spuren Gottes, die er hinterlassen hat, als er diese Erde liebevoll wie einen Garten anlegte. Sondern auch die Spuren der Menschen, die gerodet, ausgerissen, einbetoniert haben, was Gott gepflanzt hat. Gottes Spuren sind nur noch ansatzweise vorhanden. Umso wichtiger ist es, dass wir zu Spurenlesern und Pfadfinderinnen werden. Dass wir die zugetrampelten Spuren Gottes wieder entdecken. Damit wir diese Spuren verfolgen können. Damit wir in seine Fußstapfen treten und wieder einen behutsamen, schonenden, aufbauenden Umgang mit Mensch und Kreatur lernen. Einen Morgen zu nutzen, um in die Natur hineinzusehen und zu hören, ist dazu ein guter Anfang.

Aber auch das, was wir im Gottesdienst tun: nämlich auf sein Wort zu hören. Denn Gott hat ja noch mehr Spuren auf dieser Erde hinterlassen als bei der Gestaltung des Gartens Eden. In der Schöpfungsgeschichte wird ganz unbefangen davon berichtet, dass Gott durch seinen Garten geht. Das klingt in unserem Lied an. So direkt wird das nirgends mehr im Alten Testament gesagt. Erst viele Jahrhunderte später hat Gott noch einmal seinen Fuß auf diese Erde gesetzt: In seinem Sohn Jesus Christus ist er selber unsere Wege gegangen, auf seine besondere Weise. Er hat Spuren der Liebe, der Anteilnahme, der Fürsorge hinterlassen. Indem er sich Menschen bedingungslos zuwendete, sein Wort an sie richtete, hat er ihnen einen Neuanfang geschenkt. Zu Jesu Dasein für andere gehört übrigens auch immer wieder der Verzicht: Verzicht auf seine göttlichen Möglichkeiten, auf Besitz, Gewaltanwendung, Rechthaberei. Am deutlichsten wird dies in seinem Kreuzestod erkennbar.

In Jesu Leben, Sterben und Auferstehen richtet Gott sein erneuerndes Wort auch an uns. Dieses Wort, mit dem er einst das Licht und die Finsternis, die Erde und die vielen Geschöpfe auf ihr ins Leben rief. Seinem Wort entspringt jeder neue Morgen, seinem Wort entspringt auch unsere Fähigkeit, auf sein Schöpferwerk mit unseren Lobliedern und unserem Handeln zu antworten.

Sein Wort will uns auf die Spur setzen, die Entdeckerfreude in uns wecken. Die Freude daran, zwischen allen anderen Fußspuren auf dieser Erde seine Fußspuren zu entdecken. Es will uns aber auch die

Kraft dazu schenken, unsere eigenen eingefahrenen Wege zu verlassen, in seine Fußspuren zu treten und neue Schritte zu wagen. Ihn für sein Schöpferwerk zu loben, ist ein erster Schritt dazu. Ein erster Schritt, der andere nach sich zieht.

Mein ist die Sonne, mein ist der Morgen,
Glanz, der zu mir aus Eden aufbricht!
Dank überschwänglich, Dank Gott am Morgen!
Wiedererschaffen grüßt uns sein Licht. (V.3)

Wenn wir Gott für sein Schöpfungswerk loben, wenn wir uns von seinem Wort auf die Spur seiner Liebe setzen lassen, dann verändert sich unser Verhältnis zur Natur. So wie sich auch der Blick unseres Liederdichters ändert. Am Anfang hat er noch neutral, ja zurückhaltend gesungen: „Morgenlicht leuchtet. Dank für den Morgen." In der dritten Strophe jedoch hat er eine Beziehung zu den Werken der Schöpfung entwickelt: „Mein ist die Sonne, mein ist der Morgen." Ich glaube, dass das ganz wichtig für uns Abkömmlinge einer hoch entwickelten Industriegesellschaft ist: wieder ein Verhältnis zur Natur zu bekommen. Dahin zu kommen, dass wir sagen: Mein ist die Sonne. Mein ist das Wasser. Mein ist die Luft. Nicht im Sinne gierigen Besitzergreifens. Das haben Menschen schon viel zu lange getan und dabei eigentlich nur die Beziehung zu unseren eigenen Bedürfnissen gepflegt, nicht aber die Bedürfnisse der Geschöpfe oder zukünftiger Generationen geachtet.

Aber ohne eine Beziehung zur Natur lässt sich kein schonungsvoller Umgang mit ihr entwickeln. Ich glaube, dass jemand, der von klein auf eingetrichtert bekommt, dass Kühe lila sind, einen wirklichen Zugang zur Natur erst lernen muss. Er muss erst lernen, Gottes Geschöpfe richtig wahrzunehmen, in ihrer Eigenart, mit ihren Bedürfnissen. Dann kann er sein Handeln auch an diesen Bedürfnissen orientieren.

„Mein ist die Sonne, mein ist der Morgen" – für mich klingt aus diesen Worten eine große Freude an der Schöpfung heraus. Wer sich aber an Gottes Schöpferwerk freuen kann, hat allen Grund, es auch zu bewahren.

So wie ich es sehe, haben wir Menschen im Laufe der Jahrzehnte und Jahrhunderte eine starke Dickfelligkeit im Umgang mit der Natur und auch mit anderen entwickelt. Einerseits leben wir in einer Zeit, in der wir so gut wie nie zuvor über das informiert sind, was auf dieser Erde passiert. Durch Zeitungen, Fernsehen, Videotext und Internet prasselt Tag für Tag eine wahre Flut von Katastrophenmeldungen auf uns ein. Wir können diese Welle von schlechten Nachrichten besser ertragen, wenn wir dickfellig werden. Aber Dickfelligkeit ist gefährlich, weil sie manchmal nicht weit entfernt ist von Hartherzigkeit.

In unserem Lied wird uns eine andere Form von Existenz vor Augen geführt, nämlich in Gestalt der Tautropfen. Wenn am Morgen das erste Licht der Sonne auf sie fällt, so verschließen und verschlucken sie dieses Licht nicht eigensüchtig in sich. Nein, sie sind so dünnhäutig, dass das Licht der Sonne durch sie hindurch scheint. Ihre Oberfläche ist wie glatt poliert, sodass es sich in ihnen spiegelt.

Auch für uns Menschen gibt es so etwas wie eine Quelle des Lichts und der Wärme: nämlich die Liebe Gottes. Schon bei der Gestaltung seines Schöpfungswerkes ist sie aufgeleuchtet. In Jesus Christus ist sie dann zu einer Sonne geworden, die nicht mehr untergeht. Diesem Sonnenlicht dürfen wir uns aussetzen, so oft wir mögen, ohne Schaden zu nehmen. Im Gegenteil: Das Licht und die Wärme der Zuwendung Gottes tun bis in die Seele hinein gut. Dieses Licht gilt mir und allen Menschen, auch der Kreatur.

Deshalb dürfen wir es machen wie die Tautropfen: nämlich dieses Licht weiterstrahlen und weitergeben. Wir dürfen Jesu bedingungslose Annahme der Menschen, aber auch seine Fähigkeit zum Verzicht zum Maßstab unseres Umgangs mit Mensch und Natur machen. Ein jeder Mensch, der sich in dieser Weise an Jesus orientiert, ist ein Lichtblick für diese manchmal kalte, düstere Welt. Sonnendurchleuchtet. Herzerwärmend. Amen.

Predigt über das Lied „Geh aus, mein Herz, und suche Freud“ (EG 503, Text: Paul Gerhardt 1653), gehalten am 29.6.2012

1) Geh aus, mein Herz, und suche Freud
in dieser lieben Sommerzeit
an deines Gottes Gaben;
schau an der schönen Gärten Zier
und siehe, wie sie mir und dir
sich ausgeschmücket haben,
sich ausgeschmücket haben.

2) Die Bäume stehen voller Laub,
das Erdreich decket seinen Staub
mit einem grünen Kleide;
Narzissus und die Tulipan,
die ziehen sich viel schöner an
als Salomonis Seide,
als Salomonis Seide.

3) Die Lerche schwingt sich in die Luft,
das Täublein fliegt aus seiner Kluft
und macht sich in die Wälder;
die hochbegabte Nachtigall
ergötzt und füllt mit ihrem Schall
Berg, Hügel, Tal und Felder,
Berg, Hügel, Tal und Felder.

4) Die Glucke führt ihr Völklein aus,
der Storch baut und bewohnt sein Haus,
das Schwälblein speist die Jungen,
der schnelle Hirsch, das leichte Reh
ist froh und kommt aus seiner Höh
ins tiefe Gras gesprungen,
ins tiefe Gras gesprungen.

5) Die Bächlein rauschen in dem Sand
und malen sich an ihrem Rand
mit schattenreichen Myrten;
die Wiesen liegen hart dabei
und klingen ganz vom Lustgeschrei
der Schaf und ihrer Hirten,
der Schaf und ihrer Hirten.

6) Die unverdroßne Bienenschar
fliegt hin und her, sucht hier und da
ihr edle Honigspeise;
des süßen Weinstocks starker Saft
bringt täglich neue Stärk und Kraft
in seinem schwachen Reise,
in seinem schwachen Reise.

7) Der Weizen wächset mit
Gewalt;
darüber jauchzet jung und alt
und rühmt die große Güte
des, der so überfließend labt
und mit so manchem Gut
begabt
das menschliche Gemüte,
das menschliche Gemüte.

8) Ich selber kann und mag
nicht ruhn,
des großen Gottes großes Tun
erweckt mir alle Sinnen;
ich singe mit, wenn alles singt,
und lasse, was dem Höchsten
klingt,
aus meinem Herzen rinnen,
aus meinem Herzen rinnen.

Liebe Gemeinde!

Das Paul Gerhardt Lied „Geh aus, mein Herz" ist außerordentlich beliebt. Auch ich singe es immer wieder gerne. Was empfinden wir eigentlich, wenn wir dieses Lied singen? Warum wirkt es so anziehend auf uns? Es hat eine ansprechende Melodie, aber das alleine kann es nicht sein.

Gerhardt malt uns mit seinen Worten eine regelrechte Idylle vor Augen. Von Bäumen voller Laub ist da die Rede, von Narzissen und Tulpen, von Bächlein und Wiesen. Doch nicht nur die Pflanzenwelt wird bedacht, auch die Tierwelt: Vogelarten wie Lerche, Taube, Nachtigall, aber auch das Wild und die Bienen kommen vor.

Wir Menschen des 20. Jahrhunderts könnten auch ganz andere Dinge über die Natur erzählen. Wir haben nicht nur Bäume vor Augen, die voller Laub stehen. Sondern auch solche, die im Sommer kahl ihre Zweige in den Himmel recken, weil sie aufgrund der verschmutzten Luft und des sauren Regens längst abgestorben sind. Wir kennen nicht nur Bächlein, die sich durch die Wiesen schlängeln, sondern denken auch an einbetonierte und begradigte Bäche, die über die Ufer treten, sobald es einmal heftiger regnet, und die den Charme einer Abwasserleitung haben. Wir hören nicht nur ihr Rauschen, sondern haben manchmal auch den beißenden Geruch von Chemikalien in der Nase, die in Bäche, Flüsse und Meere geleitet werden. Und so könnte ich noch eine ganze Weile erzählen. Vielleicht schätzen wir das Lied aus demselben Grunde, aus dem wir auch so gerne reisen: immer auf der Suche nach einem Stückchen unverfälschter Natur.

Die einen haben es in diesen Tagen selbst erlebt, die anderen über die Medien mit verfolgt: Die Autobahnen waren wieder überfüllt, ebenso die Bahnhöfe und Flughäfen. Wenn wir die Zeitung aufschlagen, eifern zahlreiche Angebote um unsere Aufmerksamkeit: Billigflüge, Tagesfahrten, Last-Minute-Angebote. Wir Deutschen sind ein reiselustiges, unruhiges Volk. „Geh aus!", fordert uns Paul Gerhardt auf. Das lassen wir uns nicht zweimal sagen! Wir gehen, fahren und fliegen ständig irgendwo hinaus.

Was steckt dahinter? Sicher so etwas wie Erlebnishunger. Aber ich glaube, auch die Sehnsucht nach der Idylle, die Suche nach einem Stück heiler Natur, so wie sie uns in diesem Lied vor Augen steht. Leider kommen wir erst langsam dahinter: Durch unsere Suche nach der unverfälschten Natur zerstören wir sie gerade und drängen sie zurück. Es ist ganz logisch: Je mehr Menschen unterwegs sind, desto mehr Straßen, Hotels, Skilifte und anderes müssen gebaut werden. Die Natur hat da nur wenige Chancen.

Was sollen wir also machen? Sollen wir Gerhardts Forderung, auszugehen, nicht mehr wiederholen? Haben wir das Lied schon zu oft gesungen? Oder hat es uns doch noch etwas mehr zu sagen? Lassen Sie uns einen vertieften Blick darauf werfen.

Gerhardt beschreibt uns die Natur nicht nur auf nüchterne Art, sondern er beseelt sie auch: Glucke, Storch und Schwalbe sind mit der Familiengründung und Familienbetreuung beschäftigt. Reh und Hirsch huschen nicht einfach vorüber, sondern sie springen froh durch das Gras.

Unser Liederdichter legt hier wohl etwas von seinen eigenen Gefühlen, seiner eigenen Freude in die Tiere hinein. Aber die Welt ist für ihn auch in anderer Weise beseelt: Sie ist Ausdruck von Gottes Güte. Sogar die reiche Fülle des Weizens auf den Feldern rühmt für ihn Gottes Güte.

Paul Gerhardt kann die Dinge so sehen und so von ihnen reden, weil ihm an einer Stelle Gottes Güte und Liebe besonders deutlich geworden ist: nämlich im Leben, Sterben und Auferstehen Jesu Christi. Das ist für ihn die Quelle von Gottes Liebe. Eine Quelle, die auch jedem von uns offen steht. Ich denke, dies muss man zum Verständnis unseres Liedes mit bedenken. Auch wenn es nicht sein Thema ist. Denn in ihm geht es ja nun einmal um die Schöpfung, um die Natur.

Wer die Natur als Ausdruck der Liebe Gottes versteht, dem wird es leicht, sie wieder zu lieben, so könnte man nun folgern. Aber auch Nichtchristen können ja großartige Naturfreunde sein. Und obwohl sicher viele von uns die Natur lieben, gelingt es uns doch schlecht, etwas für sie zu tun und sie zu bewahren.

9) Ach, denk ich, bist du hier so schön
und läßt du's uns so lieblich gehn
auf dieser armen Erden:
was will doch wohl nach dieser Welt
dort in dem reichen Himmelszelt
und güldnen Schlosse werden,
und güldnen Schlosse werden!

10) Welch hohe Lust, welch heller Schein
wird wohl in Christi Garten sein!
Wie muß es da wohl klingen,
da so viel tausend Seraphim
mit unverdroßnem Mund und Stimm
ihr Halleluja singen,
ihr Halleluja singen.

11) O wär ich da! O stünd ich schon,
ach süßer Gott, vor deinem Thron
und trüge meine Palmen:
so wollt ich nach der Engel Weis
erhöhen deines Namens Preis
mit tausend schönen Psalmen,
mit tausend schönen Psalmen.

12) Doch gleichwohl will ich, weil ich noch
hier trage dieses Leibes Joch,
auch nicht gar stille schweigen;
mein Herze soll sich fort und fort
an diesem und an allem Ort
zu deinem Lobe neigen,
zu deinem Lobe neigen.

Paul Gerhardt und seine Zeitgenossen lebten vermutlich noch in einer intakteren Umwelt, als wir das tun. Trotzdem gibt sich unser Liederdichter nicht damit zufrieden, sich an der Natur zu erfreuen und in ihr zu schwelgen. Sondern diese Natur wird ihm zum Bild, sie leitet ihn zu einem Rückschluss an: Wenn es hier auf dieser Erde schon so schön ist – wie muss es dann erst in Gottes Reich, in der Ewigkeit sein! So gesund und intakt die Natur zur Zeit Gerhardts gewesen sein mag – für ihn gehört sie in den Bereich der „armen Erde“, die angesichts der Pracht des Himmels nur blass wirken kann. Für den Himmel findet Gerhardt schöne Beschreibungen. Er nennt ihn zum Beispiel „Garten Christi“.

In unserem Vorstellungshorizont kommt der Himmel kaum noch vor. Die Gesangbuchlieder strömen über von Strophen, in denen von Sehnsucht nach der Ewigkeit die Rede ist - uns ist das alles sehr fremd. Wir sind ganz erdverbunden. Wir lieben diese Erde, und uns bewegt eigentlich viel mehr die Frage, was wir ihr Gutes tun können, damit sie wieder ins Gleichgewicht kommt. Wie kommt es, dass die Menschen früher einen solchen Hang zur Ewigkeit hatten?

Eine Ursache kann man sich gut vorstellen. Paul Gerhardts erste Lebenshälfte fiel zusammen mit dem Dreißigjährigen Krieg.[19] Welche Schrecken muss er als junger Mensch miterlebt haben! Außerdem wurden damals immer wieder ganze Landstriche von Seuchen befallen. Als Gerhardt in Wittenberg studierte, brach dort gerade die Pest aus. Auch dieses Massensterben übte sicher einen tiefen Eindruck auf ihn aus. Die Wirren des Krieges hatten noch andere Folgen: Das ganze Kirchenwesen brach auseinander. Nach seinem Studium fand Gerhardt keine Pfarrstelle. Mit sage und schreibe 44 trat er seine erste Stelle an, und bis dahin ist er sicher nicht vom Staat unterstützt worden.

Es gibt auch heute noch Elend, auch in unserem Land, aber dennoch meine ich, dass es bei uns noch nie so vielen Menschen so gut gegangen ist. Dieser materielle Wohlstand aber bindet uns an diese Erde. Wir haben wenig Lust auf Ewigkeit, im Gegensatz zu den weniger Begüterten an anderen Orten und zu anderen Zeiten. Gerhardt und seine Zeitgenossen standen sich materiell sehr viel schlechter. Für sie war das Leben sehr viel direkter bedroht. Mir fällt es schwer, Strophen von der Ewigkeitssehnsucht mit zu singen, die sie noch aus vollem Herzen anstimmten.

---

[19] Vgl. zu Paul Gerhardt: Artikel „Gerhardt, Paul“, Evangelisches Gesangbuch, S. 1548; von Eltz-Hoffmann, Lieselotte, Lob Gott getrost mit Singen, S. 66 ff

Aber ich möchte sie wenigstens stehen lassen. Ich denke, sie haben ihren Platz. Es sind keine Strophen, die man jeden Tag singen kann. Aber auch in unserer Wohlstandsgesellschaft gibt es Menschen – Trauernde, Depressive, Kranke, Einsame – die eine Ahnung davon haben, dass diese Welt nicht das Letzte sein kann. Um ihretwillen möchte ich diese Strophen stehen lassen. Denn wer weiß, ob ich nicht irgendwann zu ihnen gehöre?

Die Menschen zu Gerhardts Zeit führten ein Leben mit mehr Bedrohungen als wir. Deshalb sehnten sie sich nach der Ewigkeit. Auch wir wissen von vielen Bedrohungen: Hunger, Kriege, Umweltverschmutzung, Unwetter usw. Aber noch ist vieles weit weg. Uns geht es relativ gut. Deshalb können die meisten von uns jene Ewigkeitssehnsucht nicht nachvollziehen. Aber Gerhardt wusste auch noch um eine andere Bedrohung.

13) Hilf mir und segne meinen Geist
mit Segen, der vom Himmel fleußt,
daß ich dir stetig blühe;
gib, daß der Sommer deiner Gnad
in meiner Seele früh und spat
viel Glaubensfrüchte ziehe,
viel Glaubensfrüchte ziehe.

14) Mach in mir deinem Geiste Raum,
daß ich dir werd ein guter Baum,
und laß mich Wurzel treiben.
Verleihe, daß zu deinem Ruhm
ich deines Gartens schöne Blum
und Pflanze möge bleiben,
und Pflanze möge bleiben.

15) Erwähle mich zum Paradeis
und laß mich bis zur letzten Reis
an Leib und Seele grünen,
so will ich dir und deiner Ehr
allein und sonsten keinem mehr
hier und dort ewig dienen,
hier und dort ewig dienen.

„Mach in mir deinem Geiste Raum, dass ich dir werd ein guter Baum“– Gerhardt bleibt auch in den letzten Strophen bei seinem Thema: der Natur. Nun aber geht es um die Natur des Menschen. Der Mensch wird mit einem Baum verglichen. Gerhardt bittet Gott, ihn mit seinem Geist zu erfüllen und ihn zu einem guten Baum zu machen. Wer so bittet, der weiß um die inneren Gefahren, die uns Menschen drohen. Der hat Jesu Worte im Hinterkopf, dass man einen Menschen wie einen Baum an seinen Früchten erkennen kann. An den Früchten kann man erkennen, ob ein Mensch und ein Baum innerlich lebt oder tot ist.

Wir leben in einer Zeit, in der die Natur gefährdet ist wie nie zuvor. Wir wissen viel mehr vom Waldsterben, als Paul Gerhardt es jemals wissen konnte. Dafür, so glaube ich, hatten unsere Gesangbuchliederdichter mehr Ahnung von inneren Schäden, von den Inweltschäden sozusagen. Man kann es auch mit einem ganz unmodernen Wort ausdrücken, mit dem Wort Sünde. Vielleicht hat die Ewigkeitssehnsucht in den Gesangbuchliedern auch etwas mit diesem Wissen um die Sünde zu tun. Mit einem tiefen, immer neuen Verzweifeln an sich selbst. Gerhardts Lied leitet uns dazu an, unsere inneren Schäden, also die Sünde, ernster zu nehmen. Ich möchte mit ihm Gott darum bitten, ein guter Baum zu werden.

Denn Umweltschäden und innere Schäden gehören zusammen. Das sahen wir schon zu Anfang der Predigt. Gerade unsere Sehnsucht nach heiler Natur macht uns unruhig. Sie treibt uns hinaus und führt uns letztlich dazu, die Umwelt noch mehr zu schädigen. Wir wissen doch alle, was nötig wäre: die wirtschaftlichen Interessen zurückzustellen, das Auto weniger zu benutzen, bescheidener zu werden. Aber unser Herz ist träge. Ein toter Baum könnte nicht weniger Früchte hervorbringen als wir.

Gott allein kann unseren inneren Schaden heilen. So kraftvoll wie in der Natur, so kraftvoll will seine Güte auch in uns wirksam werden. In Jesus Christus hat er gezeigt, dass er an uns arbeiten will: an unserem Egoismus, unserer Unruhe, unserer Gier nach mehr. Dass unser Herz in Jesus Christus seine Ruhe findet – das ist die grundlegende Voraussetzung zur Heilung aller inneren und äußeren Schäden. „Mach in mir deinem Geiste Raum, dass ich dir werd ein guter Baum“ – diese Bitte ist für mich die wichtigste Rolle in Gerhardts Lied. Eine Bitte, die man immer wieder nachsprechen kann.

Und das Ergebnis? Wie sieht die Frucht aus, die wir als gute Bäume hervorbringen könnten? Wie sieht der Umgang mit der Natur bei

Menschen aus, deren innere Zerrissenheit Gott geheilt hat, die in ihm Ruhe und Geborgenheit gefunden haben? Sind es etwa Stubenhocker, die sich nicht mehr vor die Tür trauen, um ja nichts zu zerstören?

Unser Lied gibt uns auch darauf eine Antwort, und zwar schon mit den ersten Worten: „Geh aus, mein Herz, und suche Freud". Geh aus, fahr aus, flieg aus - so sagen sich in diesen Sommertagen viele Menschen, und machen doch durch ihre Reisen mehr kaputt als sie aufbauen oder finden, weil sie die Welt gedankenlos und seelenlos konsumieren. Geh aus, mein Herz – das möchte ich mit Gerhardt sprechen lernen. Ich möchte es lernen, mit dem Herzen zu reisen.

D.h. für mich etwa: nicht wahllos eine Reise an die andere zu reihen, ohne Rücksicht auf Verluste. Sondern planen, auswählen, fragen: „Was liegt mir wirklich am Herzen?" Und dann mich vorbereiten, mit dem beschäftigen, was ich sehen will, mich vorfreuen. Das hilft dabei, intensiv zu erleben, zu sehen, die Natur wie Gerhardt als Gabe Gottes an mich zu verstehen. Und später: nacherleben, auskosten, gedanklich verarbeiten. Bücher, Fotos, Filme können hierbei helfen. An solch gedanklichen Reisen können auch noch die teilnehmen, die sich in diesen Tagen benachteiligt fühlen: die Kranken, die alten Menschen, die, die nicht viel Geld haben. Reisen des Herzens – sie finden nur zu einem Teil draußen in der Natur statt, und gerade das tut der Natur sehr gut. Gott wird uns viel Freude an solcher Art zu reisen schenken – und das nicht nur zur lieben Sommerzeit. Amen.

5. Endzeiten

Predigt über Jesaja 40, 12-25 vom 6.2.2011 (5. Sonntag nach Epiphanias)

Liebe Gemeinde!

In einer RTL-Sendung kommt regelmäßig ein Schuldnerberater zum Einsatz. Er besucht eine Familie, die ihn gerufen hat, weil sie nicht mehr aus noch ein weiß vor Schulden. Oft haben die betreffenden Familien gar keinen Überblick, wie viele Schulden sie haben. Rechnungen und Mahnungsbescheide haben sie erst gar nicht geöffnet, sondern ungeöffnet in eine Schublade oder einen Schuhkarton abgelegt. So versuchen sie, die Schulden zu verdrängen. Aber in ihrem Hinterkopf wissen sie natürlich trotzdem darum. In ihrer Fantasie türmt sich der Schuldenberg ins Unermessliche.

Der Schuldnerberater beginnt seine Tätigkeit damit, die Außenstände aufzulisten. Es ist für die Betroffenen oft erschreckend, die große Zahl zu sehen, die dabei zusammenkommt. Und dennoch ist diese Tat der erste Schritt zur Hilfe. Denn nur wenn der Schuldnerberater weiß, wie hoch die Fehlbeträge sind, kann er beginnen, Umschuldungen oder Vergleiche zu beantragen, und den Schuldnern zu helfen, wieder schuldenfrei zu werden.

Unermesslich kommt auch den Israeliten, zu denen der Prophet im heutigen Predigttext spricht, das Leid vor, das sie getroffen hat. Jerusalem ist 597 v. Chr. und dann noch einmal 587 v. Chr. von den Babyloniern gestürmt worden. Sie haben einen Teil der Bevölkerung ins Exil nach Babylonien weggeführt. Dort in der Fremde müssen die Entführten Sklavendienste leisten. Ihr Zuhause scheint ihnen unerreichbar weit weg zu sein. Die Strecke von Jerusalem nach Babel beträgt mehr als 1000 km. Zu Fuß und in Fesseln haben sie sie zurücklegen müssen. Das hat Wochen, vielleicht Monate gedauert. Der Weg hat sie völlig erschöpft, genau wie die Sklavendienste, die sie nun verrichten müssen. Eine Heimkehr scheint angesichts der Entfernung und der Erschöpfung unmöglich.

Hinzu kommt das seelische Leid. Die Israeliten sind voller Heimweh, Sehnsucht, Mutlosigkeit. Weit weg ist der Tempel, der Ort der Gottesverehrung, und mit ihm scheint auch Gott sich von ihnen entfernt zu haben. Sie haben das Gefühl: Gott hat uns vergessen und aus den Augen verloren. Wir haben keine Möglichkeit, ihn zu erreichen. Wir haben niemanden, an denen wir uns mit unserem Leid wenden können. Keiner hilft uns. Unser Leid ist grenzenlos, es hat keinen Namen. So mischt sich zu dem Gefühl räumlicher auch das der zeitlichen Verlorenheit. Die Zeit des Leidens scheint unendlich. Sie wird wohl nie zu Ende gehen.

Das räumliche Empfinden hat sich seit den Zeiten des babylonischen Exils stark verändert. Für uns, die wir uns mit schnellen Autos, Zügen und Flugzeugen bewegen, sind 1000 km und mehr keine unendliche Entfernung. Durch unsere Kommunikationsmittel, speziell durch das Internet, in dem Raum ohnehin keine Rolle mehr spielt, sind Entfernungen leicht zu überbrücken. Für die Israeliten damals im Exil aber war die Strecke kaum zu bewältigen, zumal sie ja sicher auch überwacht und gefangen gehalten wurden.

Das Gefühl aber, dass Leiden unendlich, sozusagen ohne Anfang und Ende sind, kennen Menschen auch in unserer Zeit. Ich denke an Frauen und Männer, denen ich im Krankenhaus begegne. Manche haben schon eine lange Leidenszeit hinter sich. Zuerst haben sie sich mit undefinierbaren Beschwerden herumgeschlagen. Sie sind von Arzt zu Arzt gelaufen. Jeder hat etwas anderes gesagt, bis endlich einer eine verlässliche Diagnose stellte.

Andere Kranke werden ganz plötzlich mit einer Diagnose konfrontiert, manchmal mit einer erschreckenden. Das Wort Krebs etwa löst bei Patientinnen und Patienten große Angst aus. Denn es ist eine schwere Krankheit, von der man oft wenig spürt. Ohne dass einer es gemerkt hat, hat sich in seinem Körper eine verhängnisvolle Entwicklung vollzogen. Er hat den Anfang gar nicht gemerkt. Und jetzt muss er sich damit auseinandersetzen, lebensbedrohlich erkrankt zu sein, obwohl er sich nicht krank fühlt. Das Erschrecken darüber bestimmt auch den Blick in die Zukunft. Der Patient fragt sich: Wird meine Krankheit ein gutes Ende nehmen? Oder bleibt mir nicht mehr viel Zeit? Wird der Rest meines Lebens von der Krankheit bestimmt sein?

Patienten mit einer schlimmen Diagnose geht es vielleicht wie den Israeliten damals im Exil: Sie sind überwältigt, niedergeschlagen, von Angst erfüllt. Möglicherweise kennen Sie, liebe Gemeinde, ähnliche Gefühle aus anderen Situationen, Situationen des Abschieds, des Scheiterns, der Schuld.

In ihrer Situation der Verlassenheit bekommen die Israeliten Besuch, Besuch von Gott. Er kommt nicht persönlich, aber er schickt ihnen seinen Propheten. Gott gibt ihm eine Botschaft mit auf den Weg: Er gibt sich als der unvergleichlich Große zu erkennen, als der, der alle Dinge in der Hand hat, mit Namen kennt, bemisst und im Auge behält. Das Wasser der Ozeane etwa, das zwei Drittel der Erde bedeckt, kann er mit der hohlen Hand bemessen. Große bedeutende Völker wie die Babylonier sind für ihn wie ein Sandkorn oder wie ein Wassertropfen. Die Sterne am Himmel, die für die meisten von uns nur eine unendliche Menge gleich aussehender Lichtpunkte sind, kennt er alle mit Namen.

Angesichts dieser Größe Gottes könnten wir erschrecken und verzagen. Für die Israeliten in ihrer Not aber ist die Erinnerung an diese Größe eine frohe Botschaft. Denn sie können daraus schließen: Wie groß uns auch die Ursache unseres Leids erscheinen mag – Gott ist noch größer. Unsere Widersacher sind in seiner Hand, genau wie wir selber.

Sie selbst mögen kein Maß finden für die Entfernung von der vertrauten Umgebung, für das Elend, das sie getroffen hat. Gott selber aber hat ein Maß dafür. Für ihn ist es nicht unendlich. Ihr Leid hat einen Anfang gehabt, und es wird auch ein Ende finden. Gott wird ihnen nicht mehr auferlegen, als sie tragen können. Bei all ihrem Elend: Sie sind nicht allein. Gott ist bei ihnen in der Fremde. Er sieht ihr Elend. Er hilft ihnen, es zu tragen. Ihr Elend hat ein Maß. Das ist die erste Hoffnung auf ein Ende des Leidens.

Das Leid der entführten Israeliten hat tatsächlich ein Maß und Ende gefunden. Was gefühlsmäßig unendlich schien, hat letztlich ein paar Jahrzehnte gedauert. Während ihres Exils wechselten die

Machtverhältnisse im Alten Orient und die Perser kamen an die Herrschaft. Sie lösten die Babylonier ab und räumten den Völkern, die sie beherrschten, mehr Freiheiten ein. So erteilte der Perserkönig Kyros im Jahr 538 v. Chr. den Israeliten die Erlaubnis zur Heimkehr. Das Leben in der Fremde fand ein Ende.

Auch für uns hat sich Gott als der zu erkennen gegeben, der dem Leid und dem Elend Maß und Ende gibt, nämlich als er in Jesus Christus zu uns gekommen ist. Im Umgang mit kranken, trauernden, schuldbeladenen Menschen, vor allem aber in seinem Tod am Kreuz hat Jesus die Tiefe unseres Leides und unserer Schuld ausgelotet. Er ist wegen uns ins Bodenlose gefallen. Seitdem gilt: Unser Leid und auch unsere Schuld sind nicht mehr bodenlos. Sie haben ein Maß, sie haben ein Ende. Denn er trägt sie mit uns und für uns. Vor allem am Kreuz zeigt sich die unvergleichliche Größe Gottes: es ist die Größe seiner Liebe und Hingabe.

Der Gedanke an die unvergleichliche Größe der Liebe Gottes bedeutet nicht, das Maß von Schuld und Leid herab zu spielen, sondern zunächst: Es beim Namen zu nennen. Die Dinge beim Namen zu nennen, ist auch in Zeiten der Krankheit wichtig. Egal ob eine Diagnose aus heiterem Himmel kommt oder nach einem langen Leidens- und Suchweg gefunden wird, egal wie sehr sie die Patienten verschreckt – sie ist immer der erste Schritt, um eine Therapie einzuleiten, um Heilung oder Besserung zu suchen. Das Leiden muss benannt werden, ein Tumor muss bemessen und geortet werden, sonst ist keine ärztliche Hilfe möglich.

Nur im Vertrauen auf Gottes Vergebung kann ein Mensch Schuld beim Namen nennen, sie bekennen und versuchen, einen weiteren Weg durch sein Leben zu finden. Und genauso ist das Vertrauen auf Gottes unendliche Liebe eine Hilfe, mit Leid oder Verlust umzugehen, ohne dass Sorge oder Traurigkeit ins Maßlose wachsen.

Vor einigen Jahren begleitete ich ein Elternpaar mit einem schwerkranken Sohn im Pubertätsalter, der aufgrund seiner Erkrankung keine hohe Lebenserwartung hatte. Seine Betreuung kostet die Eltern viel Kraft, obwohl oder gerade weil sie ihn von Herzen liebten.

Unterschwellig war die Angst: „Wir werden unser Kind bald verlieren." Immer gegenwärtig. Aber die Eltern versuchen, nicht ständig daran zu denken, jeden Tag für sich zu bewältigen und noch möglichst viele schöne Stunden mit ihrem Sohn zu erleben. Denn sie sagen sich: Wir wollen dem Tod nur ganz wenig Raum geben.

Ja, durch Tod und Auferstehung Jesu Christi hat selbst der Tod ein Maß gefunden: Er hat nicht nur einen Anfang, sondern auch ein Ende. Das Maß seiner Macht ist begrenzt. Auf die Unendlichkeit und Größe der Liebe Gottes zu vertrauen, bedeutet: Einer Schuld, einem Verlust, einer ungewissen Zukunft, ja, dem Tod keine unbegrenzte Macht über das eigene Leben einzuräumen. Sie haben ihren Raum und ihre Zeit, ganz gewiss. Das zu leugnen, wäre unrealistisch und wenig hilfreich. Aber Gott hat ihnen ein Maß, eine Grenze gesetzt, und damit auch unserer Angst, unserer Trauer. „Herr, sammle meine Tränen in deinem Krug", bittet der Beter in Psalm 56, 9. Der Krug war damals eine Maßangabe. Dieser Beter weiß also, was auch wir wissen dürfen: Bei Gott gibt es ein Maß für meine Traurigkeit. Es gibt auch eine Zeit, zu lachen, unbeschwert und fröhlich zu sein, jenseits aller Belastungen, und manchmal auch mitten darin.

Dem Tod, der Angst, der Traurigkeit nicht mehr Raum zu geben als nötig – das, so finde ich, ist ein gutes Motto für unser Leben. Nicht unser Leid, nicht unsere Schuld, nicht unser Tod ist unendlich. Unendlich ist allein die Liebe Gottes. Sie gibt allen Dingen ihr Maß, den guten wie den bösen. Sie nennt sie beim Namen. So hilft sie uns, realistisch zu sein und gute wie schlechte Tage aus Gottes Hand zu nehmen und dabei nicht alle Kraft und Hoffnung zu verlieren.

Auch uns gilt die Verheißung, die bei Jesaja auf die Worte unseres Predigttextes folgt: „Gott gibt dem Müden Kraft, und Stärke genug dem Unvermögenden. Männer werden müde und matt, und Jünglinge straucheln und fallen; aber die auf den Herrn harren, kriegen neue Kraft, dass sie auffahren mit Flügeln wie Adler, dass sie laufen und nicht matt werden, dass sie wandeln und nicht müde werden." (Jes. 40, 29-31) Amen.

Predigt über Lukas 10, 20b vom 13.2.2011

Liebe Gemeinde!

Als ich noch in meiner früheren Gemeinde arbeitete, zog ein älteres Ehepaar aus Niederbayern in meinem Bezirk. Ich habe die beiden öfter besucht. Immer wieder erzählten sie mir, wie schwer es Ihnen gefallen ist, das Dorf zu verlassen, indem sie viele Jahre gewohnt hatten. Als die Frau zum Pflegefall wurde, hatten sie nur zwei Möglichkeiten: Ihre Selbstständigkeit aufzugeben und vor Ort ins Heim zu gehen. Oder eine gewisse Selbstständigkeit zu bewahren und hierher in die Nähe des einzigen Sohnes zu ziehen. Er hatte ihnen eine Altenwohnung besorgt und versprochen, sich um sie zu kümmern. So haben Sie den großen Umzug gewagt. Aber ihr Herz blieb voller Heimweh.

Da sie so sehr ans Haus gefesselt waren, konnten sie sich mit der neuen Umgebung kaum vertraut machen, kaum Kontakte schließen. Sie lebten in einer Art Niemandsland, nicht mehr in der Heimat, aber auch hier nicht richtig angekommen. Einen meiner ersten Besuche bei ihnen machte Ich, als der Mann 86 wurde. Da meinte er ganz gerührt: "Mein Name steht ja jetzt in der Geburtstagsliste in Ihrem Gemeindebrief.“ Diese Entdeckung hat ihm gut getan, sie hat ihm das Gefühl vermittelt: Ich lebe auch an meinem neuen Wohnort nicht in einem luftleeren Raum. Es gibt auch hier eine Gemeinschaft von Menschen, zu denen ich gehöre.

Wenn alte Menschen in dieser Weise entwurzelt werden, ist das schlimm. Aber auch bei manchen jüngeren Menschen besteht das grundlegende Lebensgefühl in einer Art Schwebezustand. Sie fühlen sich nirgendwo so recht hingehörig. Das liegt daran, dass wir in einer sehr unpersönlichen Zeit leben. An vielen Orten sind wir nur eine Nummer. Überlegen Sie einmal, was sie alles für Nummern haben: Ausweisnummer, Kontonummer, Personalnummer, Versicherungsnummer und, und, und. An vielen Stellen komme ich mit meiner Nummer weiter als mit meinem Namen: am Bankautomaten etwa gebe ich meine Nummer ein, nicht meinen Namen, um Geld in Empfang zu nehmen.

Aber wer kann sich schon mit einer Abfolge von Ziffern identifizieren? Wir sollten uns nicht täuschen: Wenn wir unseren Namen durch Nummern ersetzen, geben wir ein Stück unserer Persönlichkeit auf. Namen sind nicht so leicht zu ersetzen. Ich habe das vor vielen Jahren bei meiner Eheschließung bemerkt, als ich meinen Mädchennamen aufgab. Ich habe ihm lange nachgetrauert, weil ich das Gefühl hatte: Ich habe ein Stück von mir selbst aufgegeben. Ich glaube, dass wir durch wachsende Bürokratisierung und zunehmenden Einsatz von Computern unserer Gesellschaft viel an Wärme und persönlichem Anstrich nehmen.

Das wird auch deutlich, wenn ein Mensch stirbt. Wie schnell ist sein Name aus Listen und Karteien gestrichen, so, als habe es diesen Menschen nie gegeben. Da mag einer in unserem Herzen noch so verankert und lebendig sein, von Computern und aus Dateien wird sein Name schlicht und einfach „gelöscht“.

Mit mangelndem Zugehörigkeitsgefühl hängt, so glaube ich, noch ein anderer Trend zusammen: Der Drang, sich einen Namen zu machen. Jedes Jahr am Valentinstag und zum Muttertag, zum Schulanfang oder zum Jahreswechsel erscheinen zahllose Anzeigen in der Zeitung, in denen Menschen namentlich gegrüßt werden. Ich wundere mich immer, dass die Leute dafür oft viel Geld ausgeben. Vielleicht steckt dahinter auch der Wunsch, einmal etwas Persönliches in der Zeitung zu lesen, seinen Namen schwarz auf weiß gedruckt zu sehen.

Vieles kann dazu dienen, sich einen Namen zu machen: Das Vorantreiben der eigenen Karriere oder der von Mann und Kindern oder der fanatische Einsatz für ein Hobby. Nun sind weder beruflicher Einsatz noch außerberufliche Interessen etwas Schlechtes. Bedauerlich ist es nur, wenn dabei die Familie auf der Strecke bleibt, oder wenn Freude in Fanatismus oder Verbissenheit umschlägt.

Gott will nicht, dass wir uns wie Menschen fühlen, die nirgendwo hingehören, oder dass wir uns dafür aufreiben, uns einen Namen zu machen. Das macht uns Jesus in einem Wort deutlich, das er zu seinen Jüngern gesprochen hat: "Freut euch, dass eure Namen im Himmel geschrieben sind.“ (Lukas 10,20). Jesus sagt diesen Satz zu ca. 70 Jüngern, die er ausgesandt hat, um zu heilen und zu predigen. Sie kommen voller Begeisterung von dieser Mission zurück, denn sie haben gespürt: Es funktioniert. Jesus hat uns Vollmacht verliehen. Wir sind in der Lage, Menschen zu heilen und zu überzeugen. Wir könnten sagen: Die Jünger machen eine erste Erfahrung von Macht.

Jesus sieht ihre Begeisterung mit gemischten Gefühlen und warnt sie: Freut euch nicht über eure Erfolge, nicht über das bescheidene Maß an Macht, das euch zugeteilt ist. „Freut euch aber, dass eure Namen im Himmel geschrieben sind." (V.20) Als Jesu Jünger haben sie und wir es nicht nötig, uns einen Namen zu machen. Denn bei Gott sind unseren Namen schon längst gespeichert. Sie sind fest in seinen Gedanken und in seinem Herzen verankert. Denn nirgendwo anders kann ich mir den Himmel denken: als im Herzen Gottes. Immer wieder richtet er seine Gedanken voller Wohlwollen, ja, voller Liebe auf uns. Seit unserer Taufe dürfen wir wissen: Wir haben einen Platz im Herzen Gottes.

Daran erinnert uns auch der Tag, der nach katholischer Tradition der Valentinstag ist. Vor allem von der Blumenindustrie ist er zu einem allgemeinen Feiertag hochstilisiert worden. Er gilt als der Tag der Liebenden. Der Valentinstag ist benannt nach Bischof Valentin von Terni, der im dritten Jahrhundert nach Christus im damals noch christenfeindlichen römischen Reich trotz des Verbots des Kaisers Trauungen junger Paare vollzog. Er starb später den Märtyrertod.

Vielleicht fragen Sie sich: Was habe ich mit dem Valentinstag zu schaffen? Ich bin nicht katholisch, ich bin nicht verliebt. Vielleicht sind sogar viele von den Menschen, in deren Herzen sie einen festen Platz hatten, nicht mehr am Leben. Sie mögen sagen: Mein Name ist für niemanden besonders wichtig.

Aber durch Jesus wissen wir, dass wir von Gott geliebte Menschen sind. Gott hat unseren Namen fest in seinem Herzen verankert, so als habe er ihn dort aufgeschrieben, ganz liebevoll und behutsam, und er hat nicht die Absicht, ihn jemals wieder zu löschen. Wir sind Gottes geliebte Kinder. In diesem Sinne können wir alle den Valentinstag mit feiern. Ja, für uns Christen ist eigentlich jeder Tag ein Tag der Liebenden und Geliebten.

Das Wissen, bei Gott geborgen zu sein, ist gerade in Krisenzeiten wichtig. Jener alte Mann, von dem ich erzählte, empfand schon eine Art Heimatgefühl, als er seinen Namen im Gemeindebrief entdeckte. Wie viel mehr Geborgenheit gibt das Wissen, dass unsere Namen im Himmel aufgeschrieben sind, dass Gott sie in seinem Herzen aufbewahrt. Das gibt Halt, etwa dann, wenn ich selbst nicht so genau weiß, wo ich hingehöre oder wenn ein Schicksalsschlag alles ins Wanken bringt.

Sich bei Gott geborgen und zuhause zu wissen, ist aber nicht nur in Krisenzeiten wichtig. Es hat auch Auswirkungen für den Alltag. Seinen Namen bei Gott aufgehoben zu wissen, befreit von falschen Zwängen. Arbeit, Hobbys, Kindererziehung – nichts von alldem brauche ich fanatisch und verbissen zu tun. Der Beruf dient nur mehr dem Zweck, Geld zu verdienen und etwas Nützliches zu tun. Ein Hobby darf einfach Freude machen. Kinder können in Freiheit begleitet werden. Nichts von alldem muss dazu herhalten, meinen Namen in Erinnerung zu rufen. Der ist ja schon bei Gott gut aufgehoben.

Ja, noch mehr: Gott befreit uns nicht nur davon, uns selbst und anderen das Leben schwer zu machen. Er befreit uns zur Freude. Und: Er befreit uns dazu, unsere Kräfte sinnvoll und zielgerichtet einzusetzen.

Der Drang, sich einen Namen zu machen, treibt leider nicht nur einzelne Menschen an, sondern mit ihnen ganze Völker und Nationen. Im politischen Bereich haben wir es schon oft mit verfolgen können, wie die Amtsinhaber an ihren Machtpositionen kleben, auch wenn sich längst gezeigt hat: Sie sind ihrem Amt nicht mehr gewachsen. Die Menschen haben das Vertrauen in sie verloren.

So viel Uneinsichtigkeit ist schwer nachzuvollziehen. Aber ein bisschen dieser Mentalität steckt in uns allen: Haben wir nicht, vom Ehrgeiz getrieben, uns einen Namen zu machen, die Rücksicht auf Mensch und Kreatur außer Acht gelassen? Wenig getan für ein gedeihliches Zusammenleben? Wir drücken dieser Erde bis heute gewaltsam unsere Handschrift auf. Und es sind zerstörerische Spuren, die wir da hinterlassen.

Diese Erde trägt die zerstörerische Handschrift meiner und vieler vorhergehender Generationen. Aber das muss nicht so weitergehen. Es ist noch nicht zu spät für uns, umzudenken und neue Wege einzuschlagen. Denn wir dürfen uns in dem Wissen verankern, einen festen Platz im Herzen Gottes zu haben, seine geliebten Kinder zu sein. Den Platz bei ihm kann uns keiner streitig machen. Deshalb brauchen wir unsere Kräfte nicht im Kampf um die besten Plätze aufzureiben, sondern sie sind frei, um sie für Mensch und Kreatur einzusetzen, zu einem aufbauenden, bewahrenden und nachhaltigen Umgang mit den Gütern dieser Erde. Amen.

Predigt über 2. Korinther 6, 1-10 vom 26.2.2012 (Invokavit)

Liebe Gemeinde!

In einem Gedicht von Eugen Roth heißt es: „Ein Mensch bemerkt mit bitterem Zorn, dass keine Rose ohne Dorn. Doch muss ihn noch viel mehr erbosen, dass sehr viel Dornen ohne Rosen."[20] Dornige Zeiten, Zeiten voller Widerstand, in denen wir das Schöne im Leben, die Blüten des Lebens nicht mehr wahrnehmen – wer von uns kennt sie nicht?

Von dornigen Zeiten, die er durchlebt hat, schreibt auch der Apostel Paulus in unserem heutigen Predigttext: Von Nöten, Verfolgungen, Prügelstrafen, Gefängnisaufenthalten. Das meiste davon hat er sich vermutlich gerade dadurch zugezogen, dass er im Dienst der Verkündigung des Evangeliums unterwegs war. Jeder von uns könnte noch andere Arten von dornigen Zeiten ergänzen, als Paulus sie nennt: Trennungen, Verluste, Krankheiten. Dafür sind mir einige Erfahrungen, die Paulus gemacht hat, zum Glück bisher erspart geblieben, und ich möchte es auch nicht erleben, für meinen Dienst als Pfarrerin verprügelt zu werden oder im Gefängnis zu landen. Aber Paulus geht es weniger um Krisen, die er in der Vergangenheit bewältigt hat, als um das, was er zur Zeit erlebt. Was ihm zusetzt, als er die eben gehörten Worte an die Korinther schreibt, ist die Sorge, dass die Früchte seiner Arbeit auf dem Spiel stehen. Dass das, was er bei den Korinthern verkündigt und gewirkt hat, umsonst gewesen ist.

Paulus hat sich für seine Verhältnisse relativ lange in Korinth aufgehalten, ungefähr anderthalb Jahre. Er ist dort seinem Beruf als Zeltmacher nachgegangen, um für seinen Lebensunterhalt zu sorgen. Sein Hauptanliegen aber war die Verkündigung der frohen Botschaft von Jesus Christus.

Paulus hat sich einer Doppelbelastung ausgesetzt. Seine Verkündigung fiel bei den Menschen in der geistig aufgeschlossenen, jungen Hafenstadt auf fruchtbaren Boden. Schon bald bildete sich eine kleine, aber sehr lebhafte Gemeinde. Paulus blieb auch nach der Entstehung

[20] Eugen Roth, Sämtliche Werke (ohne Hg.), München / Wien 1977, Erster Band „Heitere Verse 1. Teil", S. 35

der Gemeinde noch eine Weile in Korinth, um den jungen Christen beizustehen. Dann aber zog es ihn, bedingt durch seinen Auftrag, das Evangelium zu Menschen zu bringen, die noch nie davon gehört hatten, an andere Orte. Brieflich aber blieb er mit den Korinthern in Kontakt.

Paulus war nicht der einzige, der damals als Wanderprediger unterwegs war. Nach ihm kamen andere Prediger, vermutlich sogar christlichen Ursprungs, deren Botschaft aber andere Akzente hatte. Und natürlich gab es auch einen gewissen Konkurrenzdruck unter den Wanderpredigern. Die Konkurrenten sprachen Paulus die Echtheit seines Apostolats ab. Was Paulus mit Rücksicht auf die Gemeinde praktiziert hatte, schien in ihren Augen gerade gegen ihn zu sprechen, nämlich die Tatsache, dass er sich den Lebensunterhalt durch seiner Hände Arbeit verdient hatte. Ihrer Auffassung nach sprach das gegen die Würde eines Apostels, und dieser Meinung gaben sie Ausdruck. So machten sie die Korinther in ihrer Einstellung zu Paulus schwankend, womit Paulus aber noch ganz gut hätte leben können. Aber sie verfremdeten auch seine Botschaft: An die Stelle der Botschaft von der Heilskraft des Kreuzes Christi betonten sie die Bedeutung übersinnlicher Erfahrungen.

War denn alles umsonst, was ich verkündigt habe?, muss Paulus sich am Ende fragen. Haben die Korinther die Gnade Gottes vergeblich empfangen?

Paulus leidet also weniger darunter, dass er kein Auge mehr hat für die schönen Seiten, für die Blumen des Lebens. Paulus leidet darunter, dass die Frucht seines Lebens auf dem Spiel steht. Dass er da, wo er gesät hat, nur Dornen, aber keine Früchte erkennen kann.

Wir haben vor einiger Zeit hier im Gottesdienst Jesu Gleichnis vom Sämann gehört. Darin zeigt Jesus auf: Das kann durchaus passieren, dass Samenkörner, die ausgesät werden, nicht aufgehen, weil sie von dornigem Unkraut erstickt werden. Das dornige Unkraut – das ist im Fall von Paulus die Lehre der Gegner, die sie erfolgreich in Korinth verbreitet haben, nämlich, dass das Christentum eine Art Erfolgsreligion ist, deren Wirksamkeit sich am Erfolg ablesen lässt.

War denn alles umsonst, was ich getan habe? Diese Frage hat sich vermutlich auch mancher von uns schon stellen müssen. Diese Art einer dornigen Erfahrung haben vielleicht auch schon einige von uns durchleben müssen. Es ist eine Erfahrung, die wir im Beruf machen können: Da steckt einer all seine Kraft und Fantasie in ein bestimmtes Projekt. Und plötzlich erklärt die Geschäftsleitung: Das Projekt ist nicht mehr wichtig. Wir haben andere Pläne entwickelt. Alle Kraft und Fantasie – in den Sand gesetzt. Das kann ganz schön frustrierend sein.

Noch näher gehen vergleichbare Erfahrungen, die wir im privaten Bereich machen. Ab und zu treffe ich Eltern ehemaliger Konfirmandinnen oder Konfirmanden wieder. Viele berichten mir stolz von dem weiteren Werdegang ihrer Kinder. Vereinzelt jedoch erzählen mir solche Mütter oder Väter auch: Meine Tochter ist inzwischen in schlechte Gesellschaft geraten und nimmt jetzt Drogen. Oder: Mein Sohn fühlt sich dem Leben nicht gewachsen und hat sogar schon versucht, sich das Leben zu nehmen. Für Eltern ist es eine große Belastung, so etwas mitzuerleben. Sie fragen: Was haben wir verkehrt gemacht? Ist alles, was wir unserem Kind beigebracht und vorgelebt haben, umsonst gewesen? Es muss nicht unbedingt eine große Karriere sein, mit der Kinder einen sozusagen für die Mühen früherer Jahre „belohnen". Vielen Eltern reicht es als Frucht Ihrer Erziehung zu sehen, dass ihre Kinder ihren Platz im Leben finden und zufrieden sind.

Was habe ich falsch gemacht? War alles umsonst, was ich investiert habe? So fragen Eltern verzweifelt, wenn ihr Kind vom rechten Weg abzukommen scheint. So fragt man sich als Mann oder Frau, wenn eine Partnerschaft trotz vieler eigener Bemühungen zerbricht. Die Zeiten in unserem Leben, in denen wir vor lauter Dornen die Früchte unserer Bemühungen nicht mehr sehen, sind schwer auszuhalten.

Als der Erfolg seiner Arbeit bei den Korinthern auf dem Spiel stand, besann Paulus sich auf andere dornige Zeiten seines Lebens und entdeckte: Ich habe diese Zeiten überstanden, weil Gott mir ein ganzes Repertoire an Gegenmitteln in die Hand gegeben hat, um das Schwierige zu bekämpfen und ihm Widerstand zu leisten. Gott hat mich mit Geduld, mit Erkenntnis, mit Freundlichkeit, mit Liebe ausgerüstet, um dornige Zeiten auszuhalten.

Quelle dieser guten Kräfte sind das Wort der Schrift und der Heilige Geist, der mir hilft, dieses Wort zu verstehen. Inhalt dieses Wortes ist der gekreuzigte und auferstandene Jesus Christus. Der Mensch, in dem Gott selbst zu uns Menschen gekommen ist und uns gezeigt hat, wie er es mit uns meint. Der Mensch, der alles andere als ein Erfolgsmensch gewesen ist. Sicher, er hat durch seine Verkündigung und sein Handeln eine Reihe von Menschen für sich gewonnen. Wir wissen aber nicht, wie viele sich nach kurzer Begeisterung wieder von ihm abgewandt haben. Dann trat er seinen Leidensweg an.

Heute ist der erste Sonntag der Passionszeit, in der wir Jesus auf seinem Weg zum Kreuz begleiten. D.h., wir versuchen es. Aber wir merken auch, wie schwer das ist. Zu feiern und fröhlich zu sein, fällt vielen leichter.

Selbst bei uns in der Kirche ist von der Passionszeit oft nicht viel zu spüren. Den Jüngern ist es damals noch viel schwerer gefallen, Jesu Leidensweg mitzugehen. Als er schließlich am Kreuz hingerichtet wurde, war kaum noch einer von ihnen übrig. Jesus hat diesen Misserfolg ausgehalten, die Untreue seiner Jüngerinnen und Jünger, und das hat ihn schwer verletzt. Doch GottesTreue hat ihre und unsere Untreue aufgehoben und verwandelt.

Als die Jünger dem auferweckten Herr begegnet sind und er ihnen in unveränderter Zuwendung auf sie zukam, ist in ihnen neues Vertrauen, Geduld, Erkenntnis, Liebe gewachsen. Das war kein spektakulärer Akt. Es hat sich aber darin gezeigt, dass sie das Evangelium von Jesus Christus allen Widerständen zum Trotz ausgebreitet haben. So wie es kurze Zeit später auch Paulus getan hat.

Im Mittelpunkt unserer Botschaft steht Jesus Christus, der mit seinem Auftrag am Kreuz nach menschlichen Maßstäben gescheitert ist. Später ist er auferstanden, aber auch das war ja, von außen betrachtet, kein glorreicher Sieg. Außer für die Augen des Glaubens. Ja, im Mittelpunkt unseres Glaubens steht eine nach außen hin gescheiterte Existenz, der Gott allem äußeren Anschein zum Trotz zum Sieg verholfen hat.

Das ist eine gute Nachricht für alle gescheiterten Existenzen: für berufliche Versager; Eltern, die den Einfluss auf ihre Kinder verloren haben; Frauen und Männer, die vor den Scherben ihrer Beziehung stehen. Gott ist uns in unserem Versagen ganz nah. Er verachtet uns nicht, sondern steht zu uns. Seine Nähe ist eine Kraftquelle, um dornige, fruchtlose Zeiten auszuhalten. Die Zeiten, in denen wir vor lauter Dornen weder Rosen noch Früchte sehen. Durch die Erkenntnis, Geduld, Freundlichkeit, mit der er uns begegnet und mit der er uns ausstattet, hilft Gott uns, solche Zeiten zu überstehen.

„Du Looser", „du Verlierer" - das war eine Zeit lang unter meinen Konfirmanden das schlimmste Schimpfwort. Gute Zeiten für Verlierer: Denn Gott hat ein besonderes Herz für sie und kümmert sich um sie. In einer Welt, in der vor allem Siegertypen verehrt werden, reicht der Mann am Kreuz den Verlierern die Hand und hilft ihnen. Verlierern wie Paulus. Verlierern wie Ihnen und mir.

Der zweite Korintherbrief ist aus mehreren Brieffragmenten zusammengesetzt, und Worte des Paulus aus späterer Zeit lassen uns erahnen: Das Verhältnis zwischen ihm und dem Korinthern ist noch einmal gekittet worden. Die Korinther sind wieder auf die Linie des Paulus eingeschwenkt. Seine vielen Worte, seine Predigten und Briefe sind doch nicht umsonst gewesen. Sie haben letztlich Früchte getragen. Vielleicht blieben ein paar Stacheln zurück. Aber es war Paulus doch vergönnt, die Früchte seiner Arbeit zu sehen, zu erkennen.

Manchmal gehen dornige Zeiten einfach vorüber. Manchmal bleibt der Stachel im Fleisch, der Sprung in der Schale des Glücks, der Schmerz über einen Verlust ein Leben lang. Mit Gottes Hilfe, mit Hilfe des gekreuzigten und auferstandenen Jesus Christus, kann es gelingen, trotzdem wieder einen Sinn in seinem Leben zu sehen, trotz allem Glück zu empfinden, „...als die Sterbenden, und siehe, wir leben, als die Traurigen, aber allezeit fröhlich." (V. 9+10)

Als die Verlierertypen, die den Sieger Gottes auf ihrer Seite haben. Auch ein Leben mit Verlusten und Niederlagen kann mit Gottes Hilfe ein gesegnetes und erfülltes Leben sein. So hat es auch einmal Jörg Zink in seinem Büchlein „Mehr als drei Wünsche“[21] sehr schön zum Ausdruck gebracht. Und seinem Wunsch schließe ich mich für jeden einzelnen von ihnen an: „Ich wünsche dir, mit einem alten Wort wünsche ich es, dem Wort ‚Segen‘: dass hinter deinem Pflug Frucht wächst, Brot für Leib und Seele, und dass zwischen den Halmen die Blumen nicht fehlen.“ Amen.

[21] Jörg Zink, Mehr als drei Wünsche, Stuttgart 1983, S. 9

Predigt über Hiob 14, 1-6 vom 11.11.2012 (Drittletzter Sonntag des Kirchenjahres)

Liebe Gemeinde!

„Sansibar oder der letzte Grund“ lautet der Titel eines Romans von Alfred Andersch aus dem Jahr 1957.[22] Darin beschreibt er wenige Stunden an zwei aufeinanderfolgenden Tagen. In ihnen treffen mehrere Personen, die sich vorher noch nie gesehen haben, in einem kleinen Ort namens Rerik an der Ostseeküste zusammen. Sie alle haben eines gemeinsam, nämlich ihre Abneigung gegenüber der damals herrschenden nationalsozialistischen Staatsmacht. Aus unterschiedlichen Gründen werden sie zu Komplizen mit dem Ziel, ein junges jüdisches Mädchen und eine Statue vor dem Zugriff des Unrechtsstaates zu retten, indem sie sie über die Ostsee nach Schweden bringen. Der Anfang der Reise ist besonders kritisch, als sie sich noch in deutschem Hoheitsgebiet befinden. Um Schmuggler und Flüchtlinge zu entdecken, fährt hier ein Polizeiboot Patrouille und leuchtet mit einem großen Suchscheinwerfer das Meer aus. „Er war wie ein Blick - starr, grell und hypnotisierend.“, heißt es.[23] Kurz bevor sie in den Lichtstrahl hineingeraten, wird die Aufmerksamkeit der Polizei anscheinend abgelenkt und der Suchscheinwerfer schwenkt ab in eine andere Richtung. Der Weg nach Schweden ist frei.

An diesen Roman, speziell an diese Szene, habe ich denken müssen, als ich mich mit dem Predigttext für den heutigen Sonntag beschäftigt habe, den eben gehörten Versen aus dem Buch Hiob. Ich weiß nicht, ob die Rahmengeschichte des Buches Hiob allgemein bekannt ist. Hier ist der Zusammenhang: Hiob ist ein frommer Mann in einem Land namens Uz. Er ist extrem reich, mit vielen Viehherden. Er hat auch eine große Familie, sieben Söhne und drei Töchter, die gerne große Feste feiern. Lange Zeit kann er seinen Reichtum genießen, aber dann trifft ihn ein Schicksalsschlag nach dem anderen. Seine Herden werden überfallen und getötet, sein Haus wird durch einen Sturm zerstört, wobei auch all seine Kinder umkommen. Schließlich bekommt er selber noch einen schweren juckenden Hautausschlag.

---

[22] Alfred Andersch, Sansibar oder der letzte Grund, Zürich 2006,

[23] S. 148

Die Geschichte hat einen Hintergrund: Gott sieht zu Beginn vom Himmel aus mit Stolz auf seinen frommen Knecht Hiob. Der Teufel aber fordert ihn heraus und meint: Hiob ist nur fromm, solange es ihm gut geht. Gott stellt ihm frei, Hiobs Wohlergehen anzutasten, um seine Frömmigkeit auf die Probe zu stellen, wovon der Teufel ausgiebig Gebrauch macht. Hiob aber besteht die Prüfungen: Er hält trotz der Schicksalsschläge an Gott fest, im Gegensatz zu seiner Frau. „Haben wir Gutes empfangen von Gott und sollten das Böse nicht auch annehmen?“, fragt er sie (Hiob 2, 10).

Das Elend, das Hiob trifft, ist unfassbar. Auch heute begegnen wir Menschen, die Hiobsgeschichten erzählen können. Die Leid in einem Maße tragen müssen, das unerträglich erscheint. Im Krankenhaus höre ich hin und wieder solche Hiobsgeschichten: „Vor zwei Monaten erst habe ich meinen Mann beerdigt, und jetzt hat der Arzt Brustkrebs bei mir festgestellt. Heute wird meine Brust abgenommen“, erzählt mir etwa eine Frau, Anfang 80. Oder ich treffe auf einen Mann in den mittleren Jahren, der mit Sorgen einer großen Operation entgegensieht. Auf meine Frage, ob es schlimm sei, dass er jetzt beruflich länger ausfalle, meint er: „Ich habe vor kurzem meinen Arbeitsplatz verloren.“

Gewiss könnte auch der eine oder die andere von Ihnen eine Hiobsgeschichte erzählen. Sie könnten erzählen von einer Zeit in Ihrem Leben, als ganz viel wankte und zerbrach und Sie dachten, das nähme nie wieder ein Ende. Und manchmal reicht auch **ein** tief greifender Schicksalsschlag, sodass wir uns fühlen wie Hiob. Sodass wir das Gefühl haben: Mein Leben ist zerstört. Ich werde nie wieder glücklich sein. Und vielleicht auch: Gott hat mich vergessen. Er ist gegen mich. Ja, das ist schwer, in Zeiten des Unglücks wie Hiob zu sagen: „Ich habe Gutes von Gott empfangen. Jetzt nehme ich auch das Böse aus seiner Hand.“

In der Rahmenerzählung des Hiobbuches scheint Hiob wie selbstverständlich an seinem Glauben festzuhalten. So ganz von selbst versteht sich seine Frömmigkeit jedoch nicht, wie der größte Teil des Buches, der mittlere Teil, zeigt: Als drei Freunde Hiob besuchen, klagt er ihnen sein Leid. Ihre gut gemeinten Trostversuche trösten ihn überhaupt nicht. Letztlich tendieren sie alle in ein- und dieselbe Richtung. Sie verteidigen Gottes Gerechtigkeit und meinen, dass Hiob sein Elend durch irgendein Unrecht selbst verdient haben müsse.

Unser Predigttext gehört zu einem Abschnitt, in dem Hiob seinem Freund Zofar antwortet. Hiob bestreitet nicht, ein unreiner, schuldiger Mensch zu sein. Aber in seinen Augen gehört die Schuldverhaftung zum Menschsein dazu, genau wie seine Vergänglichkeit. Gegenüber der Reinheit und Größe Gottes kann der Mensch gar nicht anders als klein und erbärmlich sein.

Wenn Gott aber so groß ist, wieso hält er sich dann mit den erbärmlichen Sünden des Menschen auf, fragt Hiob. Wieso beschäftigt er sich so lange damit und straft den Menschen auch noch? Wieso leuchtet er sein Leben aus wie mit einem großen Suchscheinwerfer, anstatt den Menschen einfach in Ruhe zu lassen für die kurze Zeit, die er lebt?

In den Worten unseres Predigttextes erscheint Gott wie der große, übermächtige Unrechtstaat im Buch von Alfred Andersch. Die Bewegungen der ihm Untergebenen werden wie mit großen Scheinwerfern ausgeleuchtet. Sie sind der Willkür der göttlichen Übermacht auf Gedeih und Verderb ausgeliefert.

Im Grunde machen sich Hiob und seine Freunde gegenseitig denselben Vorwurf, nämlich den Vorwurf der Gotteslästerung. In den Augen von Hiobs Freunden lästert dieser Gott, denn er durchbricht die vertraute Vorstellung, die sie und die meisten Menschen ihrer Zeit von Gott haben. Nämlich, dass Gott die Bösen straft und die Guten belohnt. Ein Gottesbild, das sich bis heute hartnäckig hält, auch in unseren Köpfen. Das aber an unserer Wirklichkeit manchmal zerbricht, vor allem, wenn wir leidvolle Wege gehen müssen. Hiob dagegen wirft seinen Freunden vor, dass sie Gott allzu sehr mit menschlichen Maßstäben messen, ja manchmal fast wie einen Krämer verstehen, der ständig aufrechnet und nur in Zahlen denken kann.

Hiob hält an dem Gott, den er nicht versteht, fest. Die Antworten an seine Freunde schlagen immer wieder um in leidenschaftliche Gebete, in denen er um eine Antwort ringt. Nach langen Auseinandersetzungen erfährt er auch eine Antwort, allerdings nicht in Gestalt eines Argumentes, mit dem Gott all seine Zweifel und die seiner Freunde ausräumt. Gott begegnet Hiob, und diese Begegnung mit dem lebendigen Gott ist für Hiob so überwältigend, dass sie ihm Antwort genug ist. Gott erklärt sein Handeln nicht, aber er gibt seinem Knecht Hiob Recht. Ihm, der an der Hoffnung festgehalten hat, dass Gott größer ist als unsere kleinlichen Vorstellungen von ihm, aber auch als unser Unrecht. Er tadelt Hiobs Freunde, die Gottes Handeln erklärbar und ihn selber klein gemacht haben.

Hiobs Hartnäckigkeit, an Gott festzuhalten, obwohl er ihn nicht versteht, ja, obwohl er ihm wie ein übermächtiger Unrechtsstaat erscheint, ist für uns kaum nachvollziehbar. An einer Stelle in seinen Worten jedoch wird ein Punkt erkennbar, an dem wir unsere Hoffnung festmachen können. Nämlich als Hiob fragt: „Kann wohl ein Reiner kommen von den Unreinen?“ Bei ihm klingt das wie eine rhetorische Frage, auf die er auch gleich selber die Antwort gibt: „Auch nicht einer.“ (Vers 4)

Christen wissen um den einen, der ganz und gar Mensch war, von einem Weib geboren, der menschlichen Kreatürlichkeit und der Gesetzlichkeit unterworfen (Gal. 4,4) und der dabei doch ganz und gar rein geblieben ist: Jesus Christus.

Was für Hiob in einer überirdischen Erscheinung geschieht, das geschieht für uns in Jesus Christus: Wir begegnen dem lebendigen Gott. In Jesus fällt der Blick Gottes, das Licht Gottes auf unser Leben. Ein bisschen ist das so, wie Hiob das beschreibt: Gottes Blick findet wirklich jeden. Aber das hat positive Folgen. In unserem Miteinander ist es ja oft so, dass die Menschen einander aus dem Blick verlieren: die Erwachsenen die Kinder und umgekehrt, die Reichen die Armen, die Machthaber die Außenseiter, die Glücklichen die Traurigen. Dem Gottes Blick entgeht niemand. Wie ein Suchscheinwerfer leuchtet er diese Erde aus und sucht auch noch die in den dunkelsten Ecken.

Gott zeigt sich dabei alles andere als kleinkrämerisch. Sein Blick ist ein liebevoller Blick, sein Licht wohltuend und heilsam. In der Begegnung mit Jesus kommt das Leben von Menschen zurecht. Ihre körperlichen

Wunden heilen, sie werden wieder beziehungsfähig, sie finden ein Ziel und einen Weg für ihr Leben.

Auch in anderer Weise hat Hiob Recht: Wenn Gott auf uns blickt und sein Licht auf unser Leben fällt, dann kann dieses Licht durchaus schneidend sein und verletzen. Aber nicht zum Selbstzweck. Sondern auch, um uns zu helfen und zu heilen. In ähnlicher Weise wird Licht in der Medizin eingesetzt. Denken Sie nur an die Laserstrahlen. Sie können schneiden wie ein Skalpell, aber auch an der menschlichen Hornhaut Löcher verschweißen. Von diesen Eigenschaften der Laserstrahlen wird in der Medizin längst Gebrauch gemacht, um Menschen zu heilen.

Wenn in Jesus das Licht Gottes auf das Leben von Menschen fällt, so kann das einschneidende Wirkung haben: Mir fällt Zachäus ein, der sich von seinem Reichtum trennt (LK. 19,8), oder die Jünger, die ihr altes Leben zurücklassen (Lk. 5,11). So aber finden sie einen neuen Sinn für ihr Leben. Der reiche Jüngling dagegen, dem diese Trennung nicht gelingt, krankt weiterhin an der Sinnlosigkeit seines Lebens (Mk. 10,22). Wenn Gott seinen Blick auf unser Leben richtet, dann kann das manchmal weh tun. Aber letztlich dient es immer nur dem Zweck der Heilung. Sein Licht ist nur im ersten Moment schneidend und grell. Wenig später wird dahinter die Wärme seiner Liebe und Fürsorge spürbar. Sie tut uns bis in die Seele hinein gut und steht uns bei, gerade wenn Hiobsbotschaften in unser Leben einbrechen und es von Grund auf verändern.

Für Hiob wird ganz deutlich spürbar, dass Gott es letztendlich gut mit ihm meint: Am Ende des Hiobbuches erfahren wir, dass er zu neuem Reichtum gelangt und auch noch einmal Vater mehrerer Söhne und Töchter wird. Wobei dieses Happyend durchaus zwiespältig ist: Denn zehn weitere Kinder können einem kein einziges verlorenes Kind ersetzen.

Das Buch von Alfred Andersch geht vergleichbar zwiespältig aus. Immerhin werden am Ende das jüdische Mädchen und die Statue gerettet. Die an der Rettung Beteiligten aber sind durch ihr Handeln mehr gefährdet als je zuvor und müssen weiterhin den durchdringenden Blick der staatlichen Übermacht fürchten.

Auch in unserem Leben wird nicht jede Hiobsgeschichte gut ausgehen. Aber wenn wir auf Jesus Christus blicken, spüren wir, dass Gottes Blick liebevoll auf uns gerichtet ist und sein wärmendes Licht innere Wunden und Verletzungen heilt. Wir erfahren das, was uns am Ende eines jeden Gottesdienstes zugesprochen wird: „Der Herr lässt sein Angesicht über uns leuchten und ist uns gnädig.“ (4. Mose 6, 25). Amen.

Predigt über Jesaja 65, 17-19. 23-25 vom 25.11.2012 (Ewigkeitssonntag)

Liebe Gemeinde!

Einen „neuen Himmel" und eine „neue Erde" (V.17) verheißt uns der Prophet. Wie sollen wir uns das vorstellen? Vor allem mit dem Wort „Himmel" kann ich wenig anfangen. Christa Wolf beschreibt den Himmel in einem ihrer Romane als ein „Gewölbe von Hoffnung und Sehnsucht, von Liebe und Trauer."[24] Es ist der Roman „Der geteilte Himmel" aus dem Jahr 1963, eine Liebesgeschichte, die in der DDR kurz vor dem Bau der Berliner Mauer spielt. Der etwas zynische Manfred fühlt sich in dem noch jungen, sozialistischen Staat zu sehr in seinen Möglichkeiten eingeschränkt und reist aus in den Westen. Seiner Freundin Rita dagegen gelingt es, sich mit dem Staat zu identifizieren, und so kehrt sie nach einem Besuch bei Manfred in Westberlin zu dessen Enttäuschung in den Osten zurück. „Den Himmel wenigstens können sie nicht zerteilen", meint Manfred beim Abschied, als die beiden nach oben blicken. „„Den Himmel? Dieses ganze Gewölbe von Hoffnung und Sehnsucht, von Liebe und Trauer?' sagte sie leise. ‚Der Himmel teilt sich zu allererst.'"[25] Für dieses junge Liebespaar teilt sich der Himmel, als sie feststellen, dass ihre beiden Lebenswege fortan in unterschiedliche Richtungen verlaufen werden.

Ihr Himmel, liebe Gottesdienstbesucherinnen und –besucher, hat sich im Laufe des vergangenen Jahres nicht geteilt. Aber er ist zerbrochen. Sie haben einen Menschen verloren, der Ihnen nahe stand, und damit ein Stück Himmel. Ein Stück Glück. Ein Stück Hoffnung.

Ihr Zusammenleben, ihre Beziehung hat sicher ganz viele irdische Seiten gehabt: Fürsorge für einander. Sorge um den andern. Bemühen, den Alltag zu bewältigen. Pflichten. Routine. Aber dazwischen hat es auch wieder ein Stück Himmel gegeben: den täglichen Spaziergang. Die Ausfahrt zum Kaffeetrinken am Wochenende. Die Vorfreude auf den nächsten Urlaub. Die Tatsache, dass da jemand auf Sie wartete, wenn Sie vom Einkauf zurückkehrten. Der Himmel – das ist nicht immer etwas

---

[24] Christa Wolf, Der geteilte Himmel, München 1975, S. 187
[25] ebd. S. 187

Herausragendes, hoch Aufstrebendes. Das kann etwas ganz Unscheinbares, Alltägliches sein, das wir auf Anhieb gar nicht als Himmel wahrnehmen. Sondern erst im Nachhinein. Wenn wir uns allerdings ständig der Vergänglichkeit dessen bewusst wären, was wir gerade erleben, würden die himmlischen Momente wohl schnell ihren Glanz verlieren.

Ihr Stück Himmel war für Sie mit einem ganz bestimmten Menschen verbunden. Sie haben ihn verloren, und damit auch Ihr Stück Himmel. Das Irdische ist noch da, der Alltag, die Pflichten, die gewohnte Umgebung. Aber all das hat für Sie seinen Glanz verloren. Der Himmel ist zerbrochen.

Da geht es ihnen ganz ähnlich wie den Menschen, für die unser Prophet predigt. Auch für sie hat das Leben seinen Glanz verloren. Dabei haben sie keinen Todesfall zu verschmerzen. Sie müssen auch nicht miterleben, wie ihr Land durch fremde Großmächte auseinandergerissen wird. Ganz im Gegenteil: Die Eroberung Israels durch die Assyrer und Babylonier und die Deportation eines Teils der Bevölkerung liegt vermutlich für sie schon ein-, zweihundert Jahre zurück. Auch deren Rückkehr in die Heimat, durch ein Gesetz des inzwischen herrschenden Perserkönigs ermöglicht, ist schon Geschichte.

Erst dachten sie, diese Heimkehr würde der Himmel auf Erden sein. Stattdessen müssen Sie erleben: Heimkehrer und Daheimgebliebene haben sich einander entfremdet und unterschiedliche Vorstellungen vom Leben und vom Glück entwickelt. Der Himmel, der sich für sie bei der Deportation geteilt hat, lässt sich nicht lückenlos wieder zusammenfügen.

Zusätzlich erleben sie einen ernüchternden Alltag. Der Wiederaufbau des Landes will nicht recht gelingen. Im Rahmen der zurückliegenden politischen Unruhen haben sich Fremde im Land angesiedelt und Häuser bezogen, deren Besitz die Alteingesessenen für sich beanspruchen. Felder und Weinberge ermöglichen zwar eine reiche Ernte, aber das meiste davon wandert als Abgabe an die fremden Machthaber. Man kann sich noch so abschinden, und doch reichen die Einnahmen nur für das nackte Leben. Alle sind damit beschäftigt, sich ihr persönliches

Stück vom Glück, ihr persönliches Stück Himmel zu sichern. Viele bleiben bei diesem mühsamen Kampf außen vor: Kranke, Mittellose, Alte und Kinder. Es gelingt nicht, eine gemeinsame Vision für ihr Leben als Nation zu entwickeln.

In dieser Krise erscheint die Beschäftigung mit Gott und Glauben als so etwas wie ein Luxusartikel. Wenn einer betet, so hat er das Gefühl, sein Gebet dringe allenfalls bis zur Zimmerdecke, nicht aber in himmlische Gefilde vor. Die Menschen haben den Eindruck, Gott habe sie vergessen, wohl in erster Linie deswegen, weil sie selber Gott vergessen haben.

Gott dagegen ist weit entfernt davon, sein Volk sich selbst zu überlassen. Deshalb schickt er ihnen einen Propheten mit dieser wunderbaren Vision: mit der Vision von einem neuen Himmel und einer neuen Erde, in denen wieder Freude herrschen wird. In denen die Menschen es durch Fleiß wieder zu etwas bringen können. Wo alle lange leben werden. Wo ein solch umfassender Friede herrschen wird, dass sogar die Tierwelt mit eingeschlossen sein wird. Da werden Wolf und Schaf beieinander weiden, und der Löwe wird Stroh fressen wie das Rind. Denn mit dem Frieden verhält es sich ganz ähnlich wie mit dem Himmel: Von ihrem Wesen her sind beide unteilbar. Ein Himmel, der zerteilt wird, ist kein Himmel mehr. Und ein Friede, der nur für einen Teil der Menschheit oder Schöpfung gilt, ist kein Friede.

Es ist eine wunderbare Vision, die dieser Prophet entwickelt. Er macht sie übrigens an einem bestimmten Ort fest, nämlich an der Stadt Jerusalem und dem Volk Israel. In der bisherigen Geschichte und bis zum heutigen Tag haben sich der Unfriede und die Zerrissenheit der Menschheit an diesem Ort in besonderer Konzentration gezeigt. So soll er umgekehrt auch Ausgangspunkt für den neuen Himmel und die neue Erde, für die neue Friedenswelt werden, die der Prophet verheißt.

Ein Problem bleibt jedoch auch in dieser neuen Welt, die der Prophet ausmalt, nämlich das Problem des Todes. Er kann sich eine Welt ohne Tod nicht vorstellen. Höchstens eine Welt, in der es keinen vorzeitigen Tod mehr gibt, in der keine Kinder mehr sterben müssen. Schon das ist eine wunderbare Vorstellung. Denn da, wo ein Kind stirbt, zeigt sich die hässliche Fratze des Todes am allerdeutlichsten. Da zerbricht der Himmel von Menschen, etwa von Eltern, manchmal für den Rest ihres Lebens. Aber auch ein älterer Mensch, der stirbt, hinterlässt oft eine nicht zu füllende Lücke.

Das Problem von Tod und Vergänglichkeit ist noch nicht damit gelöst, dass alle Menschen uralt werden. Das sehen wir in unserer Zeit sehr deutlich, in der ein Teil der Vision des Propheten sich schon verwirklicht hat, weil viele Menschen sehr alt werden und die Zahl der über Hundertjährigen jährlich zunimmt. Leider ist ihr Leben gegen Ende oft alles andere als himmlisch, und so mancher von ihnen sehnt sich den Tod herbei.

Auch wenn sich die Vision des Propheten in dieser Form nicht erfüllt hat, brauchen wir sie nicht einfach zur Seite zu legen. Den neuen Himmel und die neue Erde, so wie er sie vor unseren Augen ausmalt, finde ich bis heute verlockend. Seine Vision ist nicht an ihrem Inhalt gescheitert, sondern an dem Punkt, an dem er sie fest macht.

Es ist kein ganzes Volk, bei dem für uns ein Vorschein von Gottes neuer Welt aufleuchtet, sondern nur ein einziger Angehöriger des Volkes Israel, der erst einige Jahrhunderte nach unserem Propheten geboren wurde: Jesus Christus. Er ist wie kein anderer in der Lage, zu versöhnen, was zerbrochen ist, denn in ihm vereint sich schier Unvereinbares: Göttliche und menschliche Kraft, göttliches und menschliches Wesen. In ihm sind sie „unvermischt, unverwandelt, ungetrennt, ungesondert“, wie es in einem altkirchlichen Glaubensbekenntnis heißt.[26]

Und es ist auch kein Ort, der so heilig ist, dass von ihm zwangsläufig das Heil der Welt ausginge. Nicht einmal Jerusalem. Jesus hat es zwar nach Jerusalem gezogen, aber letztlich nur, um dort verworfen zu werden und zu sterben. Sein Tod aber – der wurde zum Dreh- und Angelpunkt des neuen Himmels und der neuen Erde. Denn Jesus ist nicht im Tode geblieben. Er hat sich uns im Sterben an die Seite gestellt. Gott aber hat ihn von den Toten auferweckt. Und an Jesu Seite dürfen wir mit hineinziehen in ein neues Leben.

---

[26] Glaubensbekenntnis von Chalcedon, zitiert nach Bernhard Lohse, Epochen der Dogmengeschichte, Stuttgart/Berlin 1983, 3. Auflage, S. 98

Von diesem neuen Leben, von diesem Himmel, der an Gottes Seite liegt, ist hier und da schon etwas in Jesu irdischem Leben aufgeleuchtet: Da, wo er Tote zum Leben erweckt. Da, wo Menschen in seiner Umgebung fähig werden zu Frieden und Vergebung. Da, wo solche, die dem Glauben entfremdet waren, wieder beginnen, nach Gottes Willen zu fragen und zu ihm zu beten.

Jesus ist, salopp gesagt, der einzige, der das Problem des Todes gelöst hat, nämlich durch seine Auferstehung. Deshalb können wir an ihm den prophetischen Traum von einem neuen Himmel und einer neuen Erde festmachen. Weil er der Macht des Todes, des Krieges, der Zerstörung nicht mehr unterworfen ist. Weil er der lebendige Herr ist. Darum können wir den Traum des Propheten mitträumen, von einem neuen Himmel und einer neuen Erde, von Freude und Erfüllung, von einem Frieden, an dem alle Anteil haben.

Ja, wir dürfen ihn sogar weiter träumen: Wir dürfen uns freuen auf einen neuen Himmel und eine neue Erde, in der der Tod nicht mehr herrschen wird. In der Tote zum Leben erweckt werden. In der unsere Verstorbenen schon jetzt bei Gott geborgen sind. Und in die wir auch eines Tages einziehen werden.

Der Traum vom neuen Himmel und von der neuen Erde verändert dabei schon jetzt unser Leben auf dieser Erde: Wir sind zwar noch nicht allen irdischen Widrigkeiten und Mühseligkeiten entbunden. Der Alltag bleibt weiterhin Alltag. Aber er muss nicht trostlos bleiben. Denn durch Christus sind wir dem Himmel ein Stück näher. Durch ihn ist unsere Verbindung zu Gott wiederhergestellt.

Es erfüllt sich noch eine ganz wichtige Verheißung Gottes, die der Prophet übermittelt: „Ehe sie rufen, will ich antworten; wenn sie noch reden, will ich hören." (V. 24). Jesus ist unser Kontaktmann zu Gott. Deshalb werden unsere Bitten um Trost, um Weiterhilfe, um Wegweisung nicht ungehört verhallen. Ja, unser Alltag muss nicht grau bleiben, denn in Jesus wölbt sich wieder ein Stück Himmel über unserem dunklen Leben: die Hoffnung, dass unsere Verstorbenen bei Gott gut aufgehoben sind, ja, dass wir eines Tages mit ihnen gemeinsam bei ihm geborgen sein werden. Die Hoffnung, dass Gott uns bis dahin einen Weg zeigen wird, den wir gehen können.

In Jesus wölbt sich auch ein Stück Himmel über dieser zerrissenen Erde. Wir haben die Hoffnung, dass das Eintreten für Frieden und Gerechtigkeit nicht sinnlos ist, sondern einer Welt voller ungeteiltem Frieden vorarbeitet, in der der Tod nicht mehr sein wird, noch Leid noch Geschrei noch Schmerz mehr sein werden. (vgl. Ofbg. 21,4)

„Noch warten wir darauf, noch haben wir sie nicht gesehen“[27], heißt es in einem geistlichen Lied von Gottes neuer Welt. Unsere Verstorbenen dürfen sich schon auf dieser neuen Erde und unter dem neuen Himmel bewegen. Wir aber können beten und uns an Gottes Wort halten. Das ist unsere Möglichkeit, der neuen Welt Gottes und damit letztlich auch unseren Lieben nahe zu bleiben. Denn - so heißt es weiter in jenem Lied – „so nahe sich ein jeder hier an Gottes Worte hält, genau so nahe ist er Gottes neuer Welt.“ Amen.

[27] Siebald, Manfred, Gottes neue Welt, von der Langspielplatte der Christussänger „Weil er Freude bringt“, Stuttgart 1985

Medienverzeichnis

Andersch, Alfred , Sansibar oder der letzte Grund, Zürich 2006

Andersens Märchen, hg. von Wilhelm Reetz, Leipzig/Berlin, ohne Jahresangabe

Alisch, Tatjana, Geschichte der Raumfahrt, München 2009

Heidelberger Katechismus, zitiert nach dem Evangelischen Gesangbuch, Ausgabe für die Evangelische Kirche im Rheinland, von Westfalen und die Lippische Landeskirche, Gütersloh/Neukirchen/Bielefeld 1996, S. 1331ff

Ibsen, Henrik, Die Frau vom Meer, in: Elias, Julius /Schlenther, Paul (Hg.), Henrik Ibsen. Sämtliche Werke, Volksausgabe in 5 Bänden, Berlin 1920, Bd. 5, S. 1-180

Martin Kähler, Der sogenannte historische Jesus und der geschichtliche, biblische Christus, Leipzig 1896, 2. Auflage

Artikel „Kochsalz", de.wikipedia.org.

Lessing, Gotthold Ephraim, Nathan der Weise, ein dramatisches Gedicht in 5 Aufzügen von 1779, Reclam Stuttgart 1975

Lohse, Bernhard, Epochen der Dogmengeschichte, Stuttgart/Berlin 1983, 3. Auflage

Luther, Martin, Der Kleine Katechismus, zitiert nach dem Evangelischen Gesangbuch, Ausgabe für die Evangelische Kirche im Rheinland, von Westfalen und die Lippische Landeskirche, Gütersloh/Neukirchen/Bielefeld 1996, S. 1312 ff

Luther, Martin, Von der Freiheit eines Christenmenschen, in: Ernst Kähler (Hg.), An den Christlichen Adel deutscher Nation. Von der Freiheit eines Christenmenschen. Sendbrief vom Dolmetschen, Stuttgart, 1962/2010

Die Prinzen, „Das ist alles nur geklaut" 1993

Roth, Eugen, Sämtliche Werke (ohne Hg.), München / Wien 1977, Erster Band „Heitere Verse 1. Teil"

Siebald, Manfred, Gottes neue Welt, von der Langspielplatte der Christussänger „Weil er Freude bringt“, Stuttgart 1985

http://www.spiegel.de/panorama/koelner-u-bahn-pfusch-razzia-bei-drei-unternehmen-a-682683.html

Störig, Hans-Joachim, Kleine Weltgeschichte der Philosophie Frankfurt 1980 11. Auflage, Bd. 2

Von Eltz-Hoffmann, Lieselotte, Lob Gott getrost mit Singen. Die schönsten Gesangbuchlieder und ihre Dichter, Stuttgart 1990, 2. Auflage

Wickert, Ulrich, Der Ehrliche ist der Dumme. Über den Verlust der Werte, Hamburg 1994

Wolf, Christa, Der geteilte Himmel, München 1975

Zink, Jörg, Mehr als drei Wünsche, Stuttgart 1983

Printed by Books on Demand GmbH, Norderstedt / Germany